Fils de

Ludovic Chancel
Avec la collaboration de Denis Taranto
et Jean-Yves Douzouer

Fils de

Flammarion

ISBN : 2080687921

À toi, maman, tu es l'amour de ma vie.
Ton fils.

Avant-propos

J'ai eu l'impression, en écrivant ce livre, de suivre la plus grande des thérapies que j'aie jamais osé entreprendre. Un nettoyage à sec dont je ne sors pas indemne, mais qui m'aide à me reconstruire.

Il ne s'agit pas pour moi, ici, de laver mon linge sale en public, mais de raconter, de prévenir et d'assumer. Ce n'est en effet aucunement par envie de régler des comptes avec mon milieu, ma famille ou mes parents que j'ai pris la plume, mais pour mettre les choses à plat et mieux repartir dans l'existence.

Pourquoi le faire par le biais d'un livre et ne pas me contenter du divan d'un psychanalyste ?

Parce que je suis le fils d'un personnage public. Quoi que je fasse et quels que soient mes efforts pour tenter d'exister par moi-même, je suis et je reste le fils de Sheila, moi qui ne demandais rien d'autre que d'être celui d'Annie Chancel. En choisissant de m'exposer au lieu de le subir, j'espère en fait reprendre la main sur ma vie et enfin sortir de l'ombre de ma mère.

Comment réagira-t-elle en lisant les pages qui suivent ? Dois-je laisser la peur – qu'elle ne comprenne pas ma démarche et qu'elle en soit peinée – me museler à jamais ?

Ces questions m'ont taraudé le crâne et vrillé le cœur tout au long de la rédaction de cet ouvrage. Mais au point où en sont aujourd'hui nos relations, faites de vérité et de franchise autant que d'affection, après ce que j'ai traversé, j'ai décidé de jouer mon va-tout. Pour elle, car je suis persuadé qu'elle en souffre, comme pour moi.

Cette vie qu'elle m'a donnée et dont j'ai gâché tant d'années déjà, aujourd'hui je souhaite en exorciser les démons. Je connais trop ma mère pour ne pas savoir qu'elle verra des reproches là où il n'y a qu'une tentative pour expliquer mon parcours et prendre du recul, mais je sais que, comme la plupart des parents, elle a fait de son mieux et que, sous les paillettes, son chemin a lui aussi été semé d'épines.

J'espère seulement qu'elle verra mon livre comme la plus longue lettre d'amour qu'un homme lui ait jamais écrite.

*

Et aussi qu'il s'agit de l'acte fondateur d'un homme qui découvre la liberté de n'être pas seulement le « fils de ».

Car, au bout du compte, en voulant toujours faire plaisir aux autres au détriment de mon propre bonheur, je ne me suis jamais autorisé à être pleinement moi-même. Une erreur à laquelle j'ai décidé de remédier parce qu'à trente ans, je me sens prêt à assumer mes actes comme tout ce que je révèle sur la vie dissolue que j'ai menée.

Oui, j'assume mes choix comme mes décisions à cent pour cent, même si, avec le recul, ce qui apparaîtra dans ces pages pourra en effrayer plus d'un. Mais au jeu de la vérité, il faut refuser les jokers. Et si les gens me découvrent sous un autre visage, s'ils comprennent que les épreuves que j'ai traversées montrent quelqu'un de différent du fameux « fils de », à savoir un être humain à part entière avec ses qualités et ses défauts, ses blessures comme ses remords, alors j'aurai remporté mon pari. J'aurai prouvé, moi qui n'ai jamais menti ni joué le jeu d'un autre, que ma personnalité ne se résume pas au rôle du fils à maman « bon à rien ». Qu'être un enfant de star(s) n'est pas facile tous les jours tant cela vous ôte une part de votre identité. Que la vérité et la sincérité servent à soi mais aussi aux autres.

*

Peut-être mes confidences seront-elles mal reçues, à la fois par ceux qui me connaissent et par ceux qui me découvriront. Qu'importe : après avoir relu mes pages, j'ai décidé en mon âme et conscience de sauter le pas et de déverser tout ce que j'ai sur le cœur.

Parce qu'il s'agit pour moi d'une libération, de trente ans de vie enfin assumés.

Parce que je veux exister et ne plus être enterré.

Parce que, désormais, je sais qu'une autre existence commence pour moi, Ludovic Chancel...

Chapitre 1

Au temps de l'insouciance

Flash-back.

Retour sur les années douces, les années cocon et bonbon où, protégé par les miens, je ne sais pas encore que je suis un « fils de ».

De mon enfance, je ne garde que des souvenirs morcelés et des photos multiples. Pour commencer, le cliché officiel qui annonce dans tous les journaux de l'époque la venue au monde du rejeton des deux stars Sheila et Ringo, événement national en ce 7 avril 1975. J'ai maintes fois feuilleté l'album aux carrés de papier jaunis où j'apparais tout en fossettes et en risettes, ange blond tirant déjà sur le roux. Ludo dans les bras de sa maman. Ludo tenu debout par son papa pour faire ses premiers pas. Ludo tout nu sur un lit blanc avec en fond un papier peint écossais vert typique de l'époque. Ludo habillé de bleu posant avec sa maman. Ludo avec ses parents soufflant sa première bougie... Autant de bribes d'un bonheur insouciant qui me paraît désormais pour le moins lointain.

En ce temps-là, j'avais un père, si j'en crois les photos. Pas très présent, mais pas encore totalement absent. Mes parents ont divorcé quand j'avais à peine deux ans. Un âge trop tendre pour que le moindre souvenir de ce qui devait pourtant ressembler à une vie de famille à peu près normale subsiste dans ma mémoire. Quoi qu'il en soit, cette kyrielle de clichés atteste que, dès ma naissance, je suis un petit garçon très médiatisé mais finalement ultracouvé.

Eh oui, je suis une fleur de serre, tellement mis à l'abri du monde et de ses médisances que j'en ignore tout. On m'élève dans du coton et on m'entoure d'affection. J'ai une mère, bien sûr, mais je ne sais pas réellement ce qu'elle fait. Je peine à reconnaître Annie dans cette Sheila qui pose dans les magazines. Et peu m'importe, à vrai dire. Égocentrique comme tous les enfants mais beaucoup plus gâté, j'évolue dans un univers restreint et calfeutré dont je me crois le centre. Ce qui se passe à l'extérieur ne m'intéresse pas. Je suis bien obligé de m'accommoder des absences de ma mère, sans que rien ne puisse les justifier à mes yeux. Elle n'est pas souvent là, chacun de ses retours est un événement, chaque départ un crève-cœur.

La plupart du temps, je suis pris en charge par mes grands-parents, des nounous et des amis. Je ne sais pas vraiment ce que cela signifie quand on me dit que ma mère est une vedette de la chanson, goûtant juste la plénitude de moments magnifiques, trop rares à mon goût, passés avec elle. Des anniversaires, des Noëls et des vacances qui bercent aujourd'hui encore ma mémoire d'une tendre nostalgie.

*

En tournée, en enregistrements, sur les plateaux de télévision, ma mère court la France tandis que je grandis, éloigné au maximum des aléas de son métier et donc sans véritable lien direct avec elle. Mon père, lui, est déjà ailleurs.

C'est la grande époque de Sheila, où son Pygmalion Claude Carrère régente pratiquement toute sa vie. Haut en couleurs, fort en gueule, habile organisateur, il décide de tout, établit les emplois du temps, définit les déplacements, prévoit les concerts, veille aux moindres détails, choisit les repas et parfois même les vacances. Dîners de travail, rencontres avec ses musiciens, répétitions, télévisions, interviews... maman vit à 300 à l'heure et les années filent sans qu'elle me voie grandir.

*

C'est probablement de cette époque que date le début du malentendu entre nous. Elle me tient à l'écart de sa vie professionnelle pour me protéger des tumultes de son métier et me permettre de suivre une scolarité normale. On me donne peu d'explications sur cette situation, pas assez en tout cas pour que je la supporte d'un cœur léger. Tout ce que j'en retiens, c'est qu'elle joue l'intermittente de la maternité plus que du spectacle et se préoccupe plus de signer des autographes que mes carnets de notes.

Oui, je le sais aujourd'hui, cette vision des choses est injuste. Moi qui suis né avec une cuillère en argent dans la bouche, je ne saisis pas l'importance que ma mère, issue d'un milieu modeste, attache à sa réussite professionnelle et à l'aisance matérielle qui l'accompagne.

Je ne réalise pas qu'elle travaille dur et que sa vie loin de moi n'a que peu à voir avec l'image glamour qu'en renvoient les magazines.

Je ne comprends pas plus qu'elle ait besoin d'exprimer sa nature artistique et de recevoir la reconnaissance et l'amour du public.

Moi, son fils unique, je l'idolâtre, pourquoi cela ne lui suffit-il pas ?

Chapitre 2

Maman Noël

Heureusement, elle pense à préserver quelques moments clefs pour nous retrouver, comme les anniversaires et surtout Noël.

L'un d'eux m'a laissé un souvenir particulièrement marquant. À l'époque, nous habitions un hôtel particulier de 650 m^2 sur trois étages doté d'un jardin privatif, rue de la Ferme, à Neuilly. Maman avait acheté un sapin si grand qu'il montait jusqu'au dernier étage. Comment les livreurs étaient-ils parvenus à faire entrer ce géant dans la maison, je l'ignore, mais elle avait profité de mon absence pour cause d'école pour me faire la surprise à mon retour. Tenant à le décorer elle-même, elle avait pris deux jours de son temps pour le couvrir de guirlandes chatoyantes, de boules multicolores et de lumières clignotantes. Sur la cime scintillait une magnifique étoile. Le résultat était grandiose. J'en restai bouche bée, les yeux écarquillés d'émerveillement. Quant aux cadeaux, leur nombre aussi était impressionnant. On aurait dit que, accompagnée par les Rois mages de sa chanson, arrivés de Galilée pour l'occasion, elle avait dévalisé un magasin de jouets. Et pas n'importe lequel, puisque la plupart des paquets provenaient du Nain bleu, faubourg Saint-Honoré !

Mais le plus incroyable de nos Noëls reste celui que nous passâmes à Disneyworld, en Floride. Quinze jours de délire absolu dans l'univers le plus fascinant qui soit pour un enfant, pendant lesquels j'allai de découvertes en étonnements. Premier choc : le train futuriste qui pénétrait dans le hall de l'hôtel où maman avait loué une suite. Dans laquelle, toujours attachée aux traditions, elle avait réclamé l'installation d'un sapin, une fois de plus garni par ses soins de nouveaux cadeaux somptueux. Nous avons fait toutes les attractions, parcourant l'immense parc en long et en large, maman m'a laissé me gaver de hamburgers, de hot-dogs, de pizzas et de glaces. Le bonheur !

*

L'Amérique, au fil des années, devient son eldorado à elle. Le pays où elle peut se promener librement, où personne ne l'ennuie. Aussi se met-elle à y séjourner de plus en plus fréquemment. Et cette découverte la fascine tellement qu'elle décide même de s'y installer. Au lieu de louer, je crois me souvenir qu'elle a préféré acquérir un superbe appartement. Heureuse, épanouie, elle suit des cours de danse, de chant, fait du sport, bref entame l'entraînement intensif qui va lui servir plus tard, à l'époque de *Love B. Devotion* et de *Spacer*. Des tubes qui trustent le sommet des charts américains et, grâce à la méthode Carrère, débarquent ensuite dans l'Hexagone sans que l'on sache au début que c'est Sheila qui les chante.

Là-bas, je la découvre enfin attentionnée et détendue. Plus de fans pour la reconnaître à chaque détour de rue et s'agripper à elle. J'adore aller la rejoindre. Avec un petit panonceau autour du cou sur lequel est écrit Ludo, je prends le Concorde seul, à l'âge de six ans ! On me reçoit comme un petit prince, avec caviar, champagne, limousine à l'arrivée équipée d'une télé et d'un magnétoscope. Je rêve éveillé. Et à New York, le choc se poursuit. Devant la hauteur impressionnante des immeubles, je reçois un coup au cœur. J'ai l'impression de m'être métamorphosé en Gulliver au pays des géants...

Quant à Maman, elle m'attend dans un hôtel situé en plein centre de Time Square. Et je ris aux éclats, ébloui par son élégance sophistiquée, en la voyant descendre l'escalier monumental du palace, vêtue d'un magnifique peignoir de satin... Joan Collins, la vedette de *Dynasty*, peut aller se rhabiller ! Tout ça n'arrange pas mon complexe d'Œdipe, déjà copieux, qui devient gros comme l'Empire State Building. Maman est alors pour moi la plus belle dame du monde et indiscutablement la femme de ma vie.

Le reste du séjour se déroule dans une ambiance tout aussi fastueuse. La suite de maman fait au moins 250 m^2, avec un lit king size de deux mètres sur deux, entièrement couvert de coussins. Quant à la salle de bains, aussi grande que ma chambre d'enfant, elle est entièrement carrelée de marbre. Les robinets brillent tellement que je suis persuadé qu'ils sont en or massif. Dans le reste de l'appartement, la moquette épaisse à souhait s'écrase à chacun de mes pas, j'ai l'impression de marcher sur un nuage. Et la télé ! Les bras m'en tombent quand je la vois déverser des milliers de programmes, dont une cinquantaine de chaînes entièrement consacrées aux dessins animés, alors qu'en France nous avons royalement droit à trois canaux. Je zappe à tour de bras sans me lasser !

Nous dévalisons ensuite les magasins, en particulier le colossal Toy's Center de Manhattan, allons assister à des comédies musicales sur Broadway, applaudissant *Annie*, le *Mary Poppins* de l'époque, et voyant *E.T.* sur écran géant en avant-première.

Maman est aux anges. Une autre femme. Épanouie, apaisée, sereine, jamais en train d'épier si un paparazzi la suit ou si des fans en délire vont la harceler, un comportement qui change de nos rares balades parisiennes. Les promenades au Jardin d'Acclimatation avaient vite tourné au cauchemar car elle était obligée d'enfiler une perruque brune, de chausser d'énormes lunettes noires et d'éviter de trop parler, des passants risquant de reconnaître sa voix ; à chaque fois, en effet, qu'elle ouvrait la bouche pour demander : « Trois billets pour le manège, s'il vous plaît... », une émeute éclatait et nous nous retrouvions cernés par d'innombrables admirateurs et curieux. Ici, à New York, elle se comporte enfin en vraie maman, ressemblant trait pour trait à celles de mes copains, et m'entoure d'une affection qui me transporte de bonheur.

*

Quand, avec *Spacer*, elle atteint la troisième place du plus grand hit-parade américain, elle est littéralement folle de bonheur. Et me fait visiter son studio d'enregistrement. Il y a tellement de boutons sur l'immense console, d'appareils munis de cadrans encastrés dans les murs, de diodes qui clignotent partout que la régie ressemble au cockpit d'un vaisseau spatial tel que je me l'imagine. J'ai également droit à la promenade en calèche dans Central Park avec les écureuils venant manger dans ma paume, la visite du petit zoo et, bien sûr, les glissades main dans la main à la patinoire. En tout, trois semaines de pur plaisir.

Chapitre 3

Échappées belles

Après New York, maman choisit Los Angeles pour les grandes vacances. Tous les étés, elle loue une maison différente en Californie. La plus spectaculaire est bâtie dans un style colonial majestueux, qui me rappelle la série *Nord-Sud* avec Patrick Swayze, dont l'action se déroule en Louisiane. Totalement dépaysé, j'ai l'impression d'entrer dans un autre monde et de vivre des heures extraordinaires. Des premières secondes de notre séjour jusqu'à la minute du départ, maman rattrape le temps perdu le reste de l'année, se montre attentionnée et disponible, tout en m'octroyant plus de liberté.

Chaque journée est différente, alternant les visites comme le farniente, les rencontres comme le shopping – sur Rodeo Drive, dans une limousine Excalibur, rien que cela, puisqu'on est à Beverly Hills, autant se la jouer star à fond ! –, les conversations comme le sport. Tennis, natation, jogging... tout est possible. Elle m'inscrit aussi dans un camp de vacances baptisé « Kaly Camp », lieu huppé où les enfants de familles aisées peuvent monter à cheval, s'initier à la conduite automobile ou s'entraîner aux arts martiaux. Autant d'activités que je cumule avec bonheur, histoire aussi de lui faire plaisir. Enfin, nous sommes seuls tous les deux et je déguste ces instants exceptionnels. Si merveilleux qu'ils rendent le moment de la séparation encore plus déchirant.

*

D'autres vacances ont marqué ma mémoire. Notamment celles organisées, hiver comme été, par Claude Carrère.

Pour les pistes, la luge et les feux de bois, nous allons à l'époque à Méribel, la station en vogue. Atterrissage en avion privé à l'altiport de Courchevel, transfert en limousine, et arrivée dans un magnifique chalet de deux étages trônant au milieu des pistes. Là, distribution des chambres : les petits d'un côté et les grands de l'autre Nous nous levions tard, vers 10 heures ou 10 h 30. Toutes nos journées se déroulaient selon un rituel immuable : gros petit déjeuner à l'américaine, puis départ pour les pistes vers 11 heures, entièrement équipés. Ski, avec un entracte pour le déjeuner terrasse, jusqu'à 17 heures, sous la conduite de notre moniteur privé. De retour au chalet, petit goûter. Piscine intérieure, sauna pour les grands, bain pour les petits à 19 h 30. Dîner vers 20 h 30, suivi de jeux vidéo jusqu'à 23 h 30, heure à laquelle on nous mettait au lit.

*

L'été, direction les résidences de Saint-Tropez, en jet privé évidemment, dans une superbe villa avec deux piscines, intérieure et extérieure, plus hammam, sauna, jacuzzi, sans oublier le personnel aux petits soins... La totale, quoi ! Une journée de vacances au soleil, à l'époque de Claude, commençait vers 9 h 30 ou 10 heures. Un maître-nageur nous attendait pour nous faire nager pendant une demi-heure. Ensuite, c'était l'heure du petit déjeuner. Nous avions un ponton privé d'où le bateau venait nous chercher pour nous emmener aux fameuses plages de Ramatuelle, ce qui nous permettait d'échapper aux sempiternels embouteillages estivaux de la péninsule tropézienne.

Une fois arrivé au Club 55, nous avions notre espace réservé avec nos matelas et tout ce qui va avec. Mon meilleur ami, Axel, le fils de Claude, partageait tous ces moments avec moi comme un frère. Ensemble, nous faisions les quatre cents coups ! Plage, baignade, jeux aquatiques, séchage bronzette, tartinés d'une crème écran total sur le nez et le haut des pommettes qui nous faisait ressembler à des Sioux. Puis nous passions à table au restaurant du Club, sur les coups de 13 heures. Fidèle à son rôle de grand ordonnateur, Claude trônait au haut bout de la table et dirigeait les opérations. Un seul menu pour tout le monde et pas question de faire la fine bouche : melon, maïs, steak-frites. Pas de sel, pas de poivre. C'était tout le temps pareil ! En dessert, nous avions quand même le droit de choisir entre des fraises, des crêpes ou des glaces.

Farniente le reste de l'après-midi pour tous pendant que nous allions jouer au club pour enfants. Petite sieste avant d'attaquer le cours familial de ski nautique pendant deux heures où deux bateaux voguaient l'un à côté de l'autre. C'était top ! Nous revenions à la maison vers 18 heures pour nos parties de tennis. Après un bon bain, à 21 heures nous dînions tous ensemble.

Jusqu'à minuit, nous étions libres de choisir soit le billard, soit un bon film dans notre salle de projection, ou bien encore de continuer nos jeux interrompus par le repas du soir. Et rebelote le lendemain. Sauf en cas de sortie, mais c'était rare. Nous allions une fois et une seule dans la saison au restaurant des Caves du Roy.

Nous étions petits et maman, qui n'a jamais été une noctambule notoire, sortait juste pour montrer qu'elle passait ses vacances à Saint-Tropez comme toute star du show-biz qui se respecte. Je n'avais pas conscience de sa gloire et, n'ayant jamais connu d'autre style de vie, je ne me posais pas la question de savoir pourquoi nous vivions en autarcie en étant autant protégés.

Aussi étonnant que cela puisse paraître, ce n'est que vers l'âge de douze ans que j'ai découvert le vrai métier de ma mère. Ainsi que les dommages collatéraux qui pouvaient en découler.

Chapitre 4

Quand l'enfance se brise sur la rumeur

Je ne le sais pas encore, mais la rumeur court depuis des années déjà. Gérard de Villiers, presque trente ans après, vient de l'expliquer dans un livre paru en février 2005. Mais qui s'est s'inquiété du mal qu'ont causé les saletés parues dans la fine fleur de ce que l'on appelait en ce temps-là la presse à scandale, aujourd'hui rebaptisée presse *people* ?

À l'époque, alors que ma mère cartonne dans les hit-parades avec *Le Folklore américain* et *Le Sifflet des copains*, se répand, telle une traînée de poudre, l'infâme ragot. Lancé initialement par une feuille de chou, il vole de bouche en bouche, de récits « sous le manteau » en pseudo-confidences d'infirmière l'ayant soi-disant accouchée. Le soufflé enfle, court les rédactions comme les dîners en ville, gagne tous les milieux. Et tout un chacun en est convaincu : « Sheila est un homme ». Pis, « son enfant n'est pas d'elle et a été adopté »...

*

Bientôt la France entière, avec une stupidité moutonnière, en fait ses choux gras. « Sheila est un homme ! » Un homme opéré, évidemment bien incapable de donner naissance à un enfant.

Déjà que je n'avais plus de père, voilà qu'on veut m'enlever ma mère. De fils de star, je passe à fils de personne. Aucun écho de ces horreurs ne filtre dans la serre où je grandis. Pourquoi ne me les assène-t-on qu'à l'aube de l'adolescence ?

Sans doute parce qu'à cet âge-là, les gens ne cherchent plus à vous ménager et n'hésitent pas à devenir méchants, tout particulièrement avec ceux qu'ils jalousent. Sans doute aussi parce que j'étais en âge d'entendre, de comprendre et de réagir.

Sans doute encore parce qu'avec les années, « la rumeur », loin de s'éteindre, finit par passer pour une information avérée. Depuis le temps qu'on le dit, pensent beaucoup de gens, et surtout qu'on l'imprime, ce doit être vrai.

*

Donc j'ai douze ans et je suis en classe de cinquième à l'Institut Sainte-Croix à Neuilly, école privée tout ce qu'il y a de bon chic bon genre. Ce qui n'empêche pas les coups bas de pleuvoir dans la cour de récréation. C'est là où pour la première fois, mais pas la dernière hélas, je prends en pleine figure les assertions balancées par des « camarades » pas forcément très bien intentionnés à mon égard. La cruauté des enfants, il est vrai, n'est jamais aussi acérée qu'aiguisée par la médiocrité et la perfidie des adultes. Et puis il suffit que l'un entame la curée pour que les autres suivent, trop heureux de pouvoir déchiqueter un « fils de » plus célèbre que leurs propres parents.

Les ignominies commencent à pleuvoir. « Ta mère c'est pas ta mère, mais un homme... », « On t'a adopté, tu n'es pas le fils de ta mère » ou « T'as même pas de père, il vient jamais te chercher... » Le sol de la cour de récréation vient de s'ouvrir sous mes pieds, je tombe de haut dans un puits sans fond. Horrifié, révolté, choqué, je me défends comme je peux contre ces calomnies, c'est-à-dire à coups de poing et de pied, car je n'ai rien d'autre à leur opposer. À force de subir à longueur de journée un tel bombardement de saloperies, la tension accumulée finit par exploser et la violence me submerge. Ces attaques me font un mal fou et posent un poids bien trop lourd sur mes frêles épaules, mais je n'ose pas en parler à la maison. Je ne peux pas répéter ces infamies et je me crois assez grand pour me défendre seul.

*

Un jour pourtant, le pot aux roses explose à la maison. J'ai écopé de quatre heures de colle pour avoir frappé un camarade, constate ma mère en signant mon carnet. Elle m'interroge :

— Mais enfin, Ludo, qu'est-ce qui t'a pris ? Pourquoi as-tu agressé un de tes camarades ?

Et ma réponse fuse, enfin libérée :

— Parce qu'il m'a dit que tu es un homme !

Chapitre 5

Pourquoi tant de haine ?

Maman blêmit et vacille. Le pire pour moi à cette seconde, c'est qu'elle ne réagit pas comme je m'y attendais. Au lieu de se comporter calmement en m'expliquant les choses avec sérénité et en dédramatisant la force de la révélation, ou bien de piquer une colère devant la méchanceté de ces racontars, ou même de rire de leur absurdité, elle éclate en sanglots, puis se met à crier et enfin recommence à pleurer.

Meurtrie, humiliée, touchée au plus profond d'elle-même, elle perd tous ses moyens. Si déstabilisée qu'elle n'apaise pas mes inquiétudes mais au contraire les avive par une fin de non-recevoir :

— Ne crois pas à toutes ces horreurs, tu es mon fils et je t'aime.

Pourquoi éprouve-t-elle le besoin se justifier ?

Pourquoi ne m'explique-t-elle pas d'emblée que tout est faux, qu'il s'agit d'inventions malveillantes, qu'on cherche à lui nuire ?

Sa réponse me perturbe plus qu'elle me rassure. Trop maigre face à l'énormité de la bombe que je viens de lâcher. Pas assez de mots pour couvrir le fracas des horreurs qui ne cesse de retentir dans ma tête. Pas assez de recul pour m'extirper du chaos dans lequel je me débats depuis des jours et des jours.

Maman avait dû espérer que jamais je n'aurais vent de cette rumeur, c'est pourquoi elle avait préféré garder le silence. Un optimisme inconsidéré, malheureusement, pour nous deux. Ce silence-là n'est pas d'or mais de plomb. Si seulement elle m'avait prévenu, au moment de son choix et avec un discours qu'elle aurait eu loisir d'élaborer à l'avance, j'aurais été paré pour affronter les malveillants et j'aurais su quoi leur répliquer. Mais non, elle continue sur sa lancée. Quelques jours plus tard, elle me révèle même l'existence d'une cassette-vidéo tournée lors de son accouchement, comme si elle avait besoin de me prouver que je suis bien le fruit de ses entrailles.

En la découvrant aussi affectée, je ne comprends qu'une seule chose, c'est que je suis tombé sur le sujet qui la blesse le plus.

Nous ne l'évoquerons plus jamais entre nous.

Nous l'enterrons, mais le cadavre continue, à l'époque, à nous encombrer.

*

Je le sais, cette dernière phrase a de quoi choquer.

Comment puis-je alors douter que ma mère soit une femme et par conséquent ma génitrice ? Ça paraît énorme, dit comme ça, c'est même obscène et insensé. Mais n'est-ce pas, après tout, naturel de s'interroger sur le pourquoi d'une rumeur qui va persister durant bien des années et me revenir sans cesse au visage, colportée par les habituelles bonnes âmes qui ne peuvent s'empêcher de me demander si je suis « vraiment » le fils de ? Notamment quand, pour seule réponse, l'enfant que je suis reçoit des pleurs maternels plutôt que des paroles rassurantes ? Quand je vois ma mère bouleversée et blessée bien sûr, mais surtout trop émue pour se montrer claire ? Quand, tiraillé entre mon amour filial et mon besoin de savoir, je ne récolte que des non-dits ? Le doute est alors le plus insidieux des poisons. Un poison qui, jour après jour, goutte à goutte, se met à me ronger...

Comment déterminer, à l'époque, le vrai du faux ? Comment clore définitivement ce débat et régler avec elle cette question une fois pour toutes ?

*

Bien sûr, aujourd'hui, j'ai franchi cette étape. Et cette fameuse cassette, j'en possède désormais une copie, cadeau remis par maman pour mes dix-sept ans lorsqu'elle me considère en âge de regarder le film de ma naissance. Je l'avoue, cette cassette, vingt fois j'ai été sur le point de la glisser dans le magnétoscope, mais je n'ai jamais été capable d'aller plus loin et de me décider à la visionner.

Au-delà de la gêne qui s'emparait immanquablement de moi à la pensée de voir ma mère le corps en train de souffrir et le visage crispé par la douleur, ces images n'auraient pas résolu le fond du problème. Elle avait préféré me remettre cette cassette plutôt que de me parler. « Pourquoi, après sa réaction initiale, ne pouvait-elle supporter d'affronter cette conversation si la rumeur qui la visait était fausse », me disais-je alors dans mon âme en proie au fiel du doute ?

Un proverbe me revenait en mémoire : « Il n'y a que la vérité qui blesse ». Elle aurait aussi pu me dire : « Allez, viens, on va la regarder ensemble cette cassette et se débarrasser une bonne fois pour toutes de cette sale histoire ! » Mais non, là encore elle se défaussait et me laissait seul pour affronter un spectacle dont la crudité devait forcément être violente.

*

J'ai retourné ces questions et bien d'autres encore dans ma tête pendant des années, jusqu'à en avoir la nausée. J'ai même essayé, en scrutant alternativement mon visage dans un miroir et une photo de ma mère que j'y avais collée, de déceler des caractéristiques communes qui prouveraient indubitablement ma filiation. Et, au final, évidemment, je me suis dit que nos ressemblances étaient frappantes, que cette rumeur était inique. Bref, que j'avais bien une maman, Annie Chancel, et que je me foutais de ce que l'on racontait sur Sheila.

Malgré les mésententes et les incompréhensions, je l'aime, elle m'aime. Et c'est tout ce qui compte.

Chapitre 6

L'école de la vie

Après mon enfance passée dans une bulle isolée du monde, cette prise de contact avec la réalité est pour le moins brutale. Je fais connaissance avec la violence des autres, leur jalousie haineuse, la férocité avec laquelle ils s'attaquent aux plus faibles. Les jours heureux de ma prime enfance ne sont plus qu'un lointain souvenir.

Bientôt, ce fut au tour des professeurs de me prendre pour cible. Ce qui m'a le plus marqué, c'est le fait d'être différencié des autres par le monde des adultes : je n'étais pas traité comme n'importe quel petit garçon. J'avais droit à des convocations intempestives pour un oui ou pour un non, avec toujours le même leitmotiv : « Ce n'est pas parce que vous êtes le fils de Sheila que vous pouvez tout vous permettre ».

Je n'étais pas un foudre de guerre, ni pour les études ni pour les stratégies défensives, et je le regrette. Je n'ai donc jamais cherché à contre-attaquer, car d'une part je ne comprenais pas pourquoi on m'en voulait et d'autre part je ne savais pas comment répondre à ce harcèlement moral.

De l'âge de dix ans à celui de quatorze ans, maman me confie à la garde de mes grands-parents de façon quasi permanente. Elle essaie de donner un nouveau tour à sa carrière et partage sa vie avec Yves, qu'elle a rencontré en 1983. Le souci de ma scolarité sert de prétexte à ce que je ne peux m'empêcher de ressentir comme un abandon. Je suis un boulet, voilà ce que j'imagine dans mes pensées enfantines, un boulet dont on se débarrasse en le parquant à Louveciennes. Maman vient me voir entre deux albums, entre deux tournées, ou me reprend avec elle une semaine par-ci par-là. Moi je suis en train de traverser cette période délicate où l'enfant devient petit à petit un adolescent... aux blessures ouvertes. Il faut se rendre à l'évidence : mon père s'est évaporé dans la nature et ma mère joue les filles de l'air. Résultat, moi je pousse comme du chiendent...

*

À la maison, il n'y avait personne pour me faire réviser mes leçons ni pour m'inciter à me montrer studieux. Maman, qui de toute façon avait quitté l'école très jeune, n'en trouvait pas le temps lors de ses brèves apparitions et la nounou vaquait à d'autres tâches.

Je n'allais tout de même pas demander au garde du corps de m'aider à faire mes devoirs. J'étais pourtant normalement intelligent et avec un minimum d'aide et de soutien j'y serais certainement arrivé. Mais j'étais aussi paresseux que peu motivé !

Quand maman rentrait de deux semaines de tournée, elle avait d'autres priorités que celle de me faire faire une dictée par exemple. Elle me prenait plutôt dans ses bras en me faisant un câlin... Elle ne s'est jamais occupée de mes devoirs. À tout casser, elle a dû me faire réciter une leçon une fois. Elle suivait ma scolarité puisqu'elle signait mes carnets de notes, mais je ne sais même pas si elle leur prêtait beaucoup d'attention. Jusqu'à l'âge de quatorze ans, je m'en suis honorablement tiré puisque je n'ai jamais eu droit à aucune remontrance. Je n'étais pas un génie, ça c'est sûr, mais pas un cancre non plus. Et puis, à quoi bon se donner du mal si un 15/20 était salué par la même indifférence qu'un 8/20 ?

*

De ma vie de cette époque, je garde surtout le souvenir d'une attente permanente. Les jours pendant lesquels maman était absente se traînaient, interminables et moroses. Ses coups de téléphone ne faisaient qu'accentuer ma frustration. Je n'osais même pas lui dire qu'elle me manquait, les mots me désertaient et aux questions standard : « Tu vas bien ? Ça s'est bien passé à l'école aujourd'hui ? », je ne savais que répondre par des : « Oui, oui, tout va bien » aussi convenus. Tout au plus arrivais-je à articuler : « Tu rentres bientôt ? ». Je raccrochais le cœur triste, la bouche amère, incapable de m'épancher dans d'autres bras, sourdement miné par un profond sentiment d'échec. Je n'étais pas parvenu à me faire suffisamment aimer de ma mère pour qu'elle trouve insupportable d'être séparé de moi.

Même lorsqu'elle était à la maison, je ne faisais que l'entrevoir de temps en temps. Quand elle rentrait le soir, je dormais. Le matin je partais tôt, maman se levait plus tard. Le grand rôle de sa vie, c'était petite fiancée des Français, pas maman de Ludo...

Chapitre 7

La maison du bonheur

J'ai treize-quatorze ans quand maman arrête de chanter et qu'elle décide de me récupérer. Je poursuis ma scolarité dans une école privée de Maisons-Laffitte, L'Hermitage. Je ne suis pas le premier de la classe, mais tout se passe bien. Je continue mon petit bonhomme de chemin qu'éclairent les retrouvailles avec maman. Je prends le train et je rentre tous les soirs à la maison, à Feucherolles, où elle m'attend, enfin sédentarisée et disponible.

*

Feucherolles, c'est vraiment pour moi un endroit mythique. Une villa hollywoodienne bizarrement plantée à la proche périphérie parisienne, le refuge de Sheila. À l'entrée, du côté droit de la route, un grand portail marron électrique télécommandé s'ouvre sur une longue allée pavée. Au bout, la maison, tout en longueur, trône. C'est en quelque sorte le château, blanc comme une meringue, d'une Belle au bois dormant qui serait réveillée au son du disco. 990 m^2 habitables, environnés par un domaine de 2 hectares et demi avec tennis... Un somptueux paradis ! Le genre de maison dont tout le monde rêve, avec des pièces immenses, des chambres qui ressemblent à des suites de palace, dotées de salles de bain mirifiques. Entièrement imaginée par maman qui en a fait les plans.

Dans l'entrée, une immense galerie au sol carrelé de bordeaux et blanc, dans un esprit très design. Un grand miroir double la superficie de l'ensemble, au fond une baie vitrée grande comme un écran de cinéma panoramique donne à voir le parc où l'on devine le terrain de tennis.

Par terre, une épaisse moquette orange dans laquelle je m'enfonce jusqu'aux chevilles, aux murs encore de la moquette, mais mauve cette fois-ci. Le tout compose une ambiance à la fois chaleureuse et psychédélique qui serait furieusement tendance aujourd'hui. À l'époque cette décoration était carrément excentrique. Pas un visiteur n'entrait dans la maison sans pousser des « oh » et des « ah » de stupéfaction !

Pour moi, c'était simplement un endroit où il faisait bon vivre.

L'herbe grasse était tondue régulièrement, les arbres entretenus, les allées balayées, rien ne déparait l'ordonnancement paisible du parc, immense écrin vert au milieu duquel la maison était sertie. Un bel endroit en somme, auquel ne manquait qu'une piscine. L'atmosphère y était sereine.

*

En ce temps-là, nous avions aussi trois bergers allemands qui collaient parfaitement au décor. Maman profitait pleinement du cadre qu'elle s'était concocté, en toute sérénité, tout était normal. Sa maison, son fils et ses chiens...

Pour moi, cette maison n'avait rien d'extraordinaire puisque j'y habitais. Je comprends mieux maintenant la tête de mes copains lorsqu'ils arrivaient ici.

Pour eux, c'était au-delà du réel. Il faut dire que tout était surdimensionné, la vie en version king size en quelque sorte.

*

Ainsi le séjour d'environ 300 m² était recouvert d'une moquette violet électrique. Il y avait deux grands canapés, dont un d'angle totalement surréaliste. Ils avaient dû être faits sur mesure, car depuis je n'en ai jamais revu de semblables. Une cheminée géante et une table basse démesurée en verre, couverte en permanence de journaux et de magazines, complétaient ce que j'appelais le coin salon.

Dans la continuité, en demi-cercle, il y avait des fauteuils coussins qui s'emboîtaient les uns dans les autres, une télévision pourvue d'un très grand écran, qui aurait semblé monstrueuse dans une pièce de dimensions normales, et tout autour des baies vitrées. De cette pièce partait l'escalier en colimaçon, en fer forgé, qui montait au bureau de maman, son refuge. J'avais interdiction d'y pénétrer. Et puis bien sûr l'espace salle à manger avec une longue table en bois sombre entourée d'une douzaine de chaises, quand même, dans le style gothique espagnol, qui n'attendait plus que les convives.

La cuisine équipée pour accueillir un grand chef, totalement sous influence américaine, atteignait le summum du délire ! Entièrement zébrée de blanc, rouge et noir. Tous les meubles étaient déjà chromés bien avant la mode et partout, partout, des baies vitrées ouvraient sur la verdure du parc. Bien évidemment, maman ne savait cuisiner que des steaks hachés et des œufs au plat... C'était déjà pas mal !

L'escalier principal était monumental, digne d'un décor de cinéma. La moquette orange tirant sur le fluo et les murs d'un blanc immaculé vous faisaient immédiatement comprendre que vous étiez dans l'antre d'une star. Personne d'autre n'aurait osé ce genre d'ambiance et ne s'y serait senti à son aise !

C'était *too much* comme disent les Américains, mais c'était chez moi. Au premier, sur la droite, il y avait la chambre d'amis, tapissée de bleu marine, avec sa salle de bains indépendante.

La maison était peuplée de peluches géantes, une véritable arche de Noé. Un gros lion, celui qui fut la griffe de maman lorsqu'elle était adolescente, mais aussi un ours énorme, une girafe et bien d'autres encore. Certaines lui avaient été offertes par des fans, mais elle dévalisait régulièrement le magasin La Pelucherie à Paris. C'était sa folie, sans doute un moyen pour elle de s'offrir une enfance qu'elle n'avait pas eue. Il y en avait pour une fortune !

En continuant dans le couloir, nous arrivions à ma chambre. Elle était tendue d'alcántara vert clair à rayures blanches, moquette rouge Marlboro et salle de bains entièrement rouge, avec lavabo, douche et grande baignoire blanche. J'avais un lit double, un petit bureau, et déjà un ordinateur. Et puis j'avais rapporté tous les jouets de mon enfance, ceux que j'avais commencé à accumuler à l'époque où nous vivions dans l'hôtel particulier de Neuilly. Parmi mes préférés, la collection complète des personnages de *La Guerre des étoiles* avec leurs vaisseaux spatiaux, leurs véhicules de surface, leurs armes, etc. Plus tard, j'ai tout donné à la Croix-Rouge.

La chambre de maman était entièrement marron tête-de-nègre, de la moquette au plafond en passant par les meubles. Des rideaux opaques occultaient les fenêtres, car elle ne peut dormir que dans l'obscurité totale. La télévision était bien sûr démesurée, le dressing vaste comme un vestiaire et luxueusement équipé. Pour parachever l'ensemble, un baldaquin surmontait le lit king size sur mesure.

Derrière, le bureau et l'escalier en colimaçon communiquant avec le salon. Sa salle de bain, inspirée des thermes romains, comportait une véritable piscine en mosaïque verte. Il fallait descendre trois marches pour s'y plonger, après avoir attendu au moins une demi-heure qu'elle se remplisse. Au début, c'était l'engouement, ensuite un objet de décoration tout juste bon pour les séances photos de *Jours de France*.

*

Au sous-sol, il y avait trois pièces immenses.

La première était réservée aux flippers, aux jeux vidéo et au juke-box, sans oublier une collection de plus de deux mille cassettes vidéo toutes numérotés et classées.

La deuxième abritait le musée de la légende de Sheila. Une garde-robe pour fantôme, la chapelle ardente des défunts succès, où ne flotte plus que l'odeur de l'antimite, désertée par l'écho des bravos enfuis. Là, toutes ses tenues de scène, protégées par des housses, étaient alignées. Sous la lumière crue du plafonnier au néon, les paillettes qui autrefois scintillaient sous les projecteurs redevenaient plastique et la soie montrait ses éraillures. Les costumes de toutes ses émissions, celles des Carpentier, de Guy Lux, de Danièle Gilbert, tous ses shows, ses apparitions, ses concerts, ses films, etc. étaient conservés là pour la postérité. Chacun possédait sa fiche signalétique ainsi que la photo correspondant à l'événement. Une véritable caverne d'Ali Baba...

Par exemple, elle a tout gardé du Scopitone, aujourd'hui nous dirions clip, de la chanson *Bang Bang* : la robe, le casque, les chaussures, les accessoires de toutes sortes. La totale ! Les fans verraient cela, ils deviendraient fous. Elle a tout conservé et personne n'a le droit d'y toucher. Aujourd'hui, je ne sais pas où ce trésor est caché...

Je n'ai jamais pénétré dans cette pièce sans être écartelé entre la fascination et le malaise. Fascination pour cette facette mythique de ma mère que j'ai finalement peu eu l'occasion de voir, tenu à l'écart de sa carrière comme je l'étais. Malaise devant le soin maniaque avec lequel ces vestiges des grands soirs révolus étaient préservés. Ce culte que ma mère voue à Sheila résume, d'une façon poignante, son destin.

Quand mes parents, Ringo et Sheila, vivaient ensemble à l'époque des *Gondoles à Venise*, ma toute première année de vie, maman me faisait faire les mêmes costumes que mon père. Ainsi, lorsqu'il portait une combinaison en velours vert frappé, j'avais droit à la même. Eh bien, cela aussi fait partie du musée au même titre que ces fameuses couettes qu'elle n'a gardées que quatre mois et qui sont aussi célèbres que les cheveux longs des Beatles ou la choucroute de Bardot.

Et pour finir, dans la troisième pièce était installée la salle de musique. Il y avait tout, piano, batterie, synthé, table de mixage, en fait un véritable studio d'enregistrement dans lequel elle préparait ses maquettes. Au mur, tous ses disques d'or, de platine et de diamant.

Impressionnant pour les visiteurs...

Chapitre 8

L'éveil des sens

La dernière année avant de faire ses adieux à la scène, Sheila a changé de producteur, mais le rituel des vacances, lui, ne bouge pas. Nous partons toujours en groupe, avec notamment une relation professionnelle de maman, ainsi que ses deux fils, leur nurse, une amie de la famille prénommée Justine, maman et moi. Même genre de maison, même bateau, seules mes activités diffèrent. Je vais sur mes quinze ans, je me sens déjà presque un homme, à ceci près que je suis toujours vierge alors que tous mes copains y sont déjà « passés ». Je suis fermement décidé à faire ma première expérience cet été, sinon ils vont me chambrer à la rentrée. « Ludo puceau, Ludo puceau », ah non, je ne veux plus jamais entendre ça ! J'ai une idée derrière la tête...

*

Une idée pour le moins ambitieuse : j'ai jeté mon dévolu sur la fille arrivée dans le groupe, cette Justine au prénom prédestiné âgée de vingt-huit ans, soit le double de mon âge. Elle est tout simplement magnifique, grande, élancée et blonde. Elle sort beaucoup, elle connaît tout le monde ici. Je commence à fantasmer sur elle.

Justine me fascine car elle représente à mes yeux l'initiatrice idéale, à l'exacte frontière entre la jeune fille et la femme. Je passe des heures à l'admirer pendant qu'elle somnole au soleil, alanguie, offerte et dorée. J'imagine ma bouche contre la sienne...

Ces rêveries me mettent dans un tel état que je suis obligé de rester allongé sur le ventre chaque fois que Justine est dans mon champ de vision. Et de m'isoler plusieurs fois par jour pour tenter de soulager manuellement mon excitation. Peine perdue ! L'accalmie excède rarement le quart d'heure, je ne pense qu'à ça...

*

Moi, j'ai les cheveux longs, roux, façon poil de carotte, et toujours mes yeux verts. Le soleil tropézien m'a bronzé à souhait et constellé de taches de rousseur. Pour mon âge, je suis grand, déjà 1,80 m. Ma petite expérience du sexe se limite à un flirt au collège avec une jeune fille guère plus âgée que moi. Nettement insuffisant, peut mieux faire, comme dit mon prof de maths.

Vingt fois par jour, je me répète qu'il faudrait que je me lance, mais je ne trouve jamais le moment opportun. Et puis je ne sais pas comment opérer. Lui prendre la main ? Ridicule. Lui poser la main sur la cuisse ? Trop direct. Essayer de l'embrasser sur la bouche ? Risqué. Si elle me retourne une gifle, c'est mort. Justine me paraît inaccessible, trop belle, trop femme, trop convoitée par des hommes mûrs et arrivés, pour s'intéresser au gamin que je dois être à ses yeux.

*

Heureusement, elle décide de me prendre sous son aile et de me faire faire mes premiers pas dans la nuit tropézienne. C'est vraiment une fille géniale !

Un soir, elle m'emmène aux Caves du Roy. Il y a un monde fou, tous jeunes, beaux, bronzés, fringués à la dernière mode. Je suis impressionné, bluffé même. Ma première sortie en boîte, c'est vraiment une découverte ! J'aime cette ambiance de folie, où tout le monde embrasse tout le monde. Justine s'y met aussi et commence à me couvrir de baisers. C'est la fête, sensuelle, folle, débridée, enivrante. Saint-Tropez fidèle à sa légende, quoi ! J'ai l'impression de vivre un rêve et je ne veux surtout pas me réveiller.

Au début je ne sais pas bien quoi faire ni comment me comporter. OK, je fais plus vieux que mon âge, la preuve on m'a laissé rentrer, mais mon inexpérience me trahit. Deux whiskies plus tard, je commence à me sentir à mon aise, je me déchaîne sur la piste de danse puis je rends ses baisers à Justine qui rit aux éclats.

Je ne me suis jamais autant amusé, pas de doute c'est ça la vraie vie !

*

Vers 4 heures du matin, nous rentrons en scooter. Elle s'accroche à moi, c'est bon signe ! Dans la propriété, nous disposons tous de bungalows individuels avec chacun notre chambre. Au lieu de me laisser aller vers la mienne, elle m'entraîne vers la sienne. Là, j'ai le cœur qui se met à battre la chamade. Enfin l'heure de la révélation a sonné. Justine la belle va m'initier aux délices de l'amour charnel.

Après avoir éteint la lumière, elle m'embrasse, me déshabille puis se déshabille. Je me laisse faire, le souffle court, le visage en feu. Ses mains douces effleurent mon ventre, sa bouche cherche la mienne dans la pénombre. Chaque centimètre carré de mon épiderme est à l'affût de ces nouvelles sensations. Étonnamment, je ne suis pas pétrifié et je me laisse bercer par cette ambiance idyllique, par l'acte lui-même et surtout par Justine. J'explore son corps de la bouche et des mains, elle gémit doucement puis m'entraîne en elle. Je découvre un plaisir qui outrepasse ce que j'espérais. Un rayon de lune filtre à travers les volets restés entrouverts. Sur le lit qui brille dans la pénombre, nos corps enlacés tanguent. C'est magique !

Elle dépose un tendre baiser sur mon front couvert de sueur et se love contre moi. Bientôt son souffle se fait régulier. Malgré ma fatigue, le bonheur me tient éveillé. Je n'en reviens pas que cela se soit passé avec Justine que j'encense, dans cette maison merveilleuse et dans des conditions de rêve. Bingo, Ludo !

Je finis par sombrer, le sourire aux lèvres, et passe le reste de la nuit, enfin plutôt le début de la matinée, dans la chambre de Justine. Au réveil je me sens le roi du monde et j'ai une faim de loup.

*

Avec les adultes présents, vu la disposition de la villa, on se croise sans trop se voir dans la journée. Pourtant, je m'inquiète car j'ai l'impression que tout le monde va s'apercevoir de ce qui s'est passé. Que c'est imprimé sur mon front que je ne suis plus puceau et que j'ai fait l'amour avec Justine.

Elle me rassure, non, ça ne se voit pas à l'œil nu. Nous avons convenu que notre relation restera officieuse, c'est notre secret.

Je suis tellement fier que je roule des mécaniques pendant toute la journée. Je me trouve changé, enfin je suis un homme à part entière, je prends de l'assurance, mais je ne sais pas si les gens le remarquent. Après tout, c'est aussi bien comme ça.

Notre romance dure pendant toutes les vacances où je reste fidèle à Justine malgré le fait qu'elle sort déjà officiellement avec quelqu'un d'autre. Je suis l'amant d'une Femme majuscule qui m'apprend la vie, l'amour et les femmes, que demander de plus ?

Je prends alors conscience de mon pouvoir de séduction. De toute façon, Justine est là pour m'en convaincre et éveiller mes sens.

*

Lors de nos nombreuses sorties, elle me fait remarquer, avec un sourire complice, que je plais autant aux garçons qu'aux filles. Sur mon passage, j'entends régulièrement des commentaires flatteurs qui émanent des deux sexes : « Qu'est-ce qu'il est mignon ! Oh le beau gosse... ! » J'ai la tête qui enfle à vue d'œil et je me vois déjà comme si j'avais dix-neuf ans. À peine dépucelé, je me prends pour un bourreau des cœurs doublé d'une bête de sexe...

J'embrasse mon premier mec chez Nano à Saint-Tropez. Il a vingt-cinq ans. Je ne me souviens même plus de son visage, ni de son prénom. En moi bouillonnent une envie de tout découvrir, un appétit de sensations qui m'attire vers d'autres horizons.

Tout cela ne me paraît ni sordide ni glauque, mais plutôt festif et ludique. Je raconte tout à Justine. Elle ne me juge pas et, contrairement à mes idées préconçues, elle me dit que c'est naturel, que ce n'est pas grave et que c'est la vie tout simplement. Ce n'est pas parce que j'embrasse un garçon que je suis homosexuel, elle est bien placée pour le savoir, conclut-elle dans un éclat de rire.

Je ne demande qu'à m'en persuader et j'arrête de me poser des questions. Après tout, quand j'étais petit on me disait bien qu'il fallait goûter avant de dire que je n'aimais pas. C'est exactement ce que je fais. Et j'aime tout...

Chapitre 9

Changement de rôle

C'est à cette époque, le 3 octobre 1989 pour être précis, que maman décide de mettre un point final à sa carrière de chanteuse. Elle l'annonce à ses fans lors du premier concert d'une série de dix à l'Olympia. En reprenant la chanson de Gainsbourg, *Je suis venue te dire que je m'en vais*, la voix nouée par les sanglots, elle lance à son public sa « démission ». Tollé général dans toute la France. Journal télévisé, quotidiens, magazines, tous les médias en font leur une.

Elle termine chacune de ses représentations sur une interminable *standing ovation*, tout le monde pleure. Je sais que je vais enfin récupérer ma maman après avoir vécu depuis l'âge de dix ans à Louveciennes chez mes grands-parents. Je suis littéralement aux anges !

*

Au début, le téléphone sonnait encore souvent à Feucherolles où je venais de m'installer, puis, de semaine en semaine les appels s'espacent, jusqu'à devenir rarissimes.

Je suis enfin tranquille avec maman.

Désormais, elle assume son rôle de femme et de mère, s'adonne à la sculpture, se lance dans l'écriture et décide de mener une vie « normale ». Mais tout cela est trop beau pour durer. Bien vite la scène et son public lui manquent. Pourtant son objectif était clair : s'occuper des siens et surtout d'elle-même. Cependant, ses nouveaux projets artistiques ne suffisent pas à la désintoxiquer de l'adrénaline de la « staritude », la reconversion ne prend pas.

La routine, le calme, l'isolement, décidément ce n'est pas pour elle. Je la vois pleurer et sombrer.

Oh, elle ne le dira jamais en public. Trop orgueilleuse pour montrer ses faiblesses, pour s'avouer humaine...

Malgré tout, pendant cette période, je réussis à me construire comme tout adolescent de mon âge dont les parents auraient divorcé. Je suis content, elle est enfin là pour moi. Quand je rentre du lycée, vers 19 heures, je retrouve Annie, ma maman, et non plus Sheila. Je lui raconte ma journée. Nous parlons de mes copains, de mes petits tracas, de mes fiancées, de mes doutes et de mes ambitions. Je peux lui dire tout ce dont j'ai envie.

Ce que j'attendais depuis des années et que je n'osais plus espérer s'est enfin produit. Maman s'occupe de moi ! C'est un tel bonheur que je refuse de laisser le moindre nuage l'obscurcir. Quand je la vois d'humeur morose, je me dis que c'est un passage délicat pour elle, après tout assez normal, mais que grâce à la force de son caractère elle surmontera vite les difficultés de la transition. Elle a tout pour être heureuse, un fils qui l'adore, un homme qui l'aime, une belle maison et la possibilité de vivre à sa guise, sans aucun souci matériel, après pratiquement trente ans de travail acharné. Une retraite anticipée mais dorée, en somme. Il faut juste qu'elle s'adapte à ce nouveau mode de vie, qui pour le commun des mortels paraîtrait parfaitement idyllique.

*

Mais elle est parfois maladroite car elle ne sait pas trop y faire.

Avant la rencontre qui sera déterminante à l'âge de seize ans avec Claude Carrère, son futur producteur, maman a passé son enfance et le début de son adolescence sur le marché de la place Jeanne d'Arc dans le XIIIe arrondissement de Paris, à vendre des bonbons aux côtés de ses parents. Le départ fulgurant et précoce de sa carrière l'a obligée à grandir à toute allure, en la privant de l'apprentissage progressif d'une adolescence lambda. Pendant des années, Carrère prenait toutes les décisions à sa place, elle n'était finalement rien d'autre qu'un petit soldat de la chanson qu'on envoyait en permanence sur le front des médias et sous les feux des projecteurs. À l'âge où ses anciennes camarades passaient l'oral du bac, elle répondait aux questions des journalistes. J'imagine que les rapports humains étaient forcément biaisés par sa notoriété, je ne vois pas comment il aurait pu en être autrement. Avant d'exister en tant qu'Annie, elle était déjà devenue Sheila. De ce parcours atypique, elle garde une sorte d'inadaptation foncière à la « normalité ». À l'aise avec une console de mixage, désemparée devant une machine à laver... Elle n'arrive pas à combler le manque d'expérience qui la rattrape. En dépit de sa bonne volonté, elle peine à assumer la banalité de son nouveau quotidien.

En tout cas, sa présence et sa disponibilité changent radicalement mon existence. Je savoure ces moments si longuement attendus, si intensément espérés.

À l'époque, elle partage sa vie avec Yves, son compagnon depuis sept ans. Nous vivons donc tous les trois dans une ambiance familiale équilibrée. Enfin il y a un homme à la maison, comblant le vide laissé par mon père, cet illustre inconnu. Et ce n'est pas le moindre de mes bonheurs de l'époque. J'ai deux parents ! Comme tout le monde. Après des années de boiterie, je marche sur mes deux jambes.

Cette parenthèse enchantée ne dure que deux ans. Ensuite je deviens pensionnaire à Cergy-Pontoise.

Chapitre 10

Le temps se couvre

Pendant trois ans, mon existence se déroule de façon à peu près sereine à la maison, excepté bien sûr quelques engueulades car beaucoup de mes copains habitent Paris et j'ai envie de les rejoindre pour m'amuser et faire la fête, malgré mon jeune âge. Un point de vue que maman et Yves sont loin de partager, normal je suis mineur. Je n'ai pas encore de scooter ni de moyen de locomotion qui me permette d'être indépendant.

Maman est assez protectrice mais de temps en temps elle accepte que j'aille dormir chez un ami. Je juge plus prudent de lui cacher nos sorties en boîte de nuit. J'ai seize ans et je suis bouillant.

À moi les folles nuits parisiennes ! Ce sera le Studio 102, plus tard le Cirque, puis le Central, aujourd'hui devenu le Queen, et bien sûr le Palace que Régine vient de reprendre.

Pas un mot à maman. C'est mon jardin secret. Elle me donne 300 francs d'argent de poche et je suis le *king* des *dance floors*...

*

Maman se dit contente d'avoir arrêté la scène et renoncé à ce monde de paillettes. Mais au bout d'une petite année, le vernis craque, elle commence à dépérir. Privée de l'énergie que lui donnait son public, elle se retrouve à bout de forces car elle ne se sent plus « portée » par le métier, les applaudissements, le succès, les tournées, les mains qui veulent la toucher, les visages des fans tendus vers elle. Comme si, peu à peu, elle étouffait sans cet oxygène factice qui était sa vraie vie.

Elle a autour de quarante-cinq ans, la force de l'âge. Pas évident d'accepter que sa carrière soit derrière elle, sans perspectives réellement enthousiasmantes devant. Il faut savoir que deux personnalités cohabitent en elle, Annie, la femme et la mère, et puis Sheila, l'artiste et la star. Cette schizophrénie est commune à beaucoup de célébrités, et finalement assez saine car elle permet que la personnalité publique n'empiète pas sur le domaine de la personnalité privée, et vice versa.

Mais chez ma mère, Sheila occupe trop de place pour supporter qu'Annie la mette ainsi en chômage technique. La star ne tarde pas à reprendre le dessus. Chassez le naturel, il revient au galop ! Dans son cas, c'est même au triple galop...

*

Quand j'étais enfant, je ne comprenais pas comment une femme comme elle pouvait mettre entre parenthèses sa vie de famille et donner autant de son temps et de son énergie à tous ces inconnus. Me laisser à mes grands-parents, à une nounou ou à des amis et boucler sa valise pour ne pas reparaître avant des semaines.

Je la regardais partir, pleine d'allant, déjà projetée vers ce public dont j'avais l'impression qu'il était plus sa raison de vivre que moi. Moi je restais là, derrière la porte qu'elle venait de refermer, à attendre que la sensation de ses derniers baisers sur mes joues s'évanouisse et que son parfum cesse de flotter dans l'air. Puis je haussais les épaules et je me résignais à remonter dans ma chambre.

Ce n'est que bien plus tard, dans le cabinet d'un psychanalyste, que j'ai pu démêler les sentiments qui m'agitaient alors sans que je puisse les identifier. La tristesse, oui, mais aussi la colère, le doute, la culpabilité, l'accablement, le délaissement, l'impuissance. Ça fait beaucoup de choses pour un enfant. En tout cas trop pour celui que j'étais.

*

Maudit public, foutus fans ! À cette époque, je les déteste tous en bloc. Ils me volent ma mère, et elle les préfère à moi, voilà ce que je pense.

Sur un simple coup de fil, elle est prête à passer trois heures dans un hôpital pour réconforter un petit malade qui ne rêve que d'elle. En revanche, il lui est très difficile, voire impossible, d'en faire autant pour son propre fils...

Aujourd'hui j'admets ce dédoublement et je peux comprendre qu'elle ait eu besoin de l'amour de ses fans. C'est sûrement ce qui la faisait avancer.

*

Nous passons, pendant ces années où elle vient de mettre un terme à sa carrière, par de grosses crises. Normal, à dix-sept ans, je suis en pleine mutation : l'adolescence et son cortège de chamboulements sont passés par là. Je me pose un milliard de questions auxquelles seul un silence assourdissant répond. J'ai l'impression que maman me traque. Elle bloque sur tout et n'accepte pas que je m'oppose à elle.

Elle me voit toujours comme si j'avais huit ans alors que j'en ai plus du double. Elle veut une fois de plus tout régenter et pour elle « c'est comme ça et pas autrement ». On ne discute pas !

Elle veut que je poursuive mes études et elle m'interdit de sortir. Une fois le bac en poche, mon avenir étant tracé, je serai artiste, ainsi en a-t-elle décidé. Elle me voit comédien au théâtre. Nous avons peut-être parlé deux ou trois fois de mon avenir et de mon orientation, mais elle n'envisage pas une seconde que j'aille en fac. Elle ne démord pas du fait que je dois choisir un métier artistique et veut à tout prix m'envoyer à l'École d'art dramatique de Lee Strasberg. Moi je n'en ai aucune envie. Tout simplement parce que j'ai connu sa grande époque, celle où elle était star, et que je suis en train de vivre l'après...

Je hais ce show-business qui a bouffé mon enfance et mon adolescence. Les paillettes, j'en ai eu ma dose !

Aucune discussion n'est possible, aucune explication ne m'est fournie, ma mère ne se sent pas tenue de justifier les choix qu'elle fait à ma place. C'est un monologue sans appel. Ou plutôt une sentence. Je me sens acculé et je déteste ça.

À la fin de l'année scolaire, je suis admis en classe de terminale, mais au lieu de m'en réjouir, cela m'ennuie prodigieusement. Je n'ai plus grand-chose à dire à mes copains. J'ai envie de vivre ma vie et de m'émanciper. En tout cas, ce n'est pas à la maison que je risque d'y arriver.

L'ambiance est lourde, l'idole boude, elle se consume.

Plus personne ne vient la voir, le téléphone ne sonne plus, on ne la réclame plus. Mon beau-père s'occupe d'elle tant bien que mal. Moi, dans tout cela, qu'est-ce que je fais ? Continuer à jouer à *La Guerre des étoiles* dans ma chambre de gamin, ce n'est même plus de mon âge. Alors j'essaie de lui parler, d'entamer un dialogue, mais d'un coup de patte elle me jette. J'ai encore l'impression d'être incompris et que ma présence dérange.

C'est à ce moment-là que je décide de partir.

Chapitre 11

Un départ sans fanfare

Nous avions réussi à former ce cocon familial qui m'avait tellement manqué pendant la plus grande partie de ma vie, mais je m'aperçois à contrecœur que désormais, au lieu de m'équilibrer, il m'étouffe peu à peu.

Je me sens terriblement oppressé. Moi qui avais tant voulu cet amour et cette attention, tout à coup j'en ai trop. Enfin plus exactement, trop tard. Ce qui m'a manqué entre environ huit et treize ans devient un fardeau à quinze. Maman et moi, nous ne sommes pas synchrones. Elle ne m'a pas vraiment vu grandir, difficile pour elle de réaliser que je ne suis plus un enfant. Ce n'est pas au moment où j'ai envie de prendre mon envol qu'il faut se mettre à me couver.

Après les deux années, calmes et réglées comme du papier à musique, que nous venons de passer, elle ne comprend pas la frénésie d'indépendance qui s'empare de moi. Avant, j'obéissais sans discuter, maintenant, je râle, je traîne les pieds et je réponds.

*

C'est que j'étouffe, moi ! Le vase clos de Feucherolles, malgré son luxe et ses agréments, ne me suffit plus. C'est à Paris que ça se passe, pas ici. J'ai besoin de bouger, de découvrir d'autres horizons, de voir de nouvelles têtes. Je veux de l'agitation, des lumières qui brillent dans la nuit, des cinémas, des bars, sillonner la ville à grandes enjambées et me perdre dans une foule affairée et innombrable, pour laquelle je ne serais qu'un jeune homme anonyme. Ça, ça me semble le luxe suprême : plus d'étiquette qui me colle à la peau, plus de fils de. Ne plus être que Ludovic Chancel et devenir moi, avec ma belle petite gueule et mes grands yeux verts pour seule carte de visite.

Et surtout, depuis mes fredaines estivales, j'ai la fièvre au corps. Qu'on ne me demande pas de bûcher les maths ou le français, je ne m'intéresse qu'à la physique des corps en rut et à la chimie des hormones sexuelles ! Mais in vivo, pas in vitro...

*

Je n'échappe pas aux pires stéréotypes de l'adolescence. Je me sens perpétuellement incompris et je n'arrive pas à communiquer avec les adultes qui m'entourent, en particulier ma mère.

Tout ce qui ressemble à un reproche ou à une critique la braque instantanément. Pas moyen de me faire entendre, elle monte tout de suite sur ses grands chevaux. Elle a un caractère très fort, sans lequel elle n'aurait sans doute pas connu la même réussite. Elle n'admet donc pas que je m'oppose à ses diktats et que je réclame plus de liberté. Pour elle qui a obéi docilement pendant des années, d'abord à ses parents puis à son manager, il est normal que je me soumette sans broncher à son autorité. Ce qui lui échappe, c'est que les temps ont changé et que je suis un garçon, presque un jeune homme.

Ce paradis qu'était Feucherolles devient un enfer, un véritable cauchemar !

*

Depuis un moment, je retourne la situation dans tous les sens et plus j'y pense, plus l'idée du départ s'impose à moi. Je ne vois pas d'autre solution. J'ai longuement mûri ma décision, enfin c'est ce que je crois.

Plus de six mois s'écoulent avant que je n'ose l'affronter. Mais l'ambiance est devenue si lourde à la maison que je n'y tiens plus et me lance enfin : « Maman, je veux partir à Paris ».

*

Ni une ni deux, son visage se ferme, elle ne cherche aucunement à me retenir.

Même pas une phrase anodine telle que : « Où vas-tu habiter, reviendras-tu pour les week-ends à la maison, que vas-tu faire, me donneras-tu des nouvelles. » Rien, nada !

Pas un sourcil ne bouge, pas un son ne sort de sa bouche. Sa réaction, ou plutôt son absence de réaction me méduse. Je m'attendais à tout, sauf à ça. C'est ce qu'on appelle se faire cueillir ! Je comprends qu'à ce petit jeu-là, elle est beaucoup plus forte que moi. La perspective de partir, qui cinq minutes plus tôt m'emplissait d'enthousiasme, se mue en une atroce sensation de déchirement.

Elle est murée dans sa colère, et moi je reste là les bras ballants, totalement abasourdi, incapable de pleurer alors que quelque chose en moi vient de se briser.

*

Ma mère, dans le silence le plus total, monte l'escalier. Je la suis et la vois entrer dans ma chambre. Elle ouvre la penderie, en sort mon sac de voyage qu'elle pose sur mon lit. Elle prend tous les vêtements accrochés aux cintres, vide la commode et se met à préparer mon bagage. Tout y passe, elle ne garde rien de mes affaires. Un silence énorme emplit la pièce. Je voudrais trouver quelque chose à dire, mais ma tête est vide.

Voilà, elle a fini, toute ma vie tient dans un sac. J'ai l'impression d'entendre ma mère penser : « Tu as pris ta décision. Tu veux t'en aller ? Eh bien, va-t'en et ne compte pas revenir en arrière. Assume ! »

Et si jamais j'avais un problème ? Ce n'est plus le moment d'y penser. Les dés sont lancés, les jeux faits...

Elle m'accompagne à la porte de la maison et pose mon sac dehors. Il pèse une tonne. Je m'en vais sans un baiser. Je franchis la grille du parc. Je me retourne, il n'y a plus personne sur le pas de la porte. Je me mets en marche, direction la gare. Le sac tire sur mon bras et bat mon mollet. Je me sens misérable, complètement perdu. Qu'est-ce qui m'arrive ? Qu'est-ce que je viens de faire ? Probablement la plus grosse connerie de ma vie.

*

Rien ne s'est passé comme je l'avais imaginé, j'ai perdu le contrôle de la situation. Je croyais faire le jeu mais c'est ma mère qui a repris la main. La vérité ? Je ne suis pas parti en douceur, je me suis fait éjecter en deux temps trois mouvements. Mais c'est entièrement de ma faute, je m'y suis pris comme un imbécile. Tout le long du chemin jusqu'à la gare, je n'arrête pas de me répéter : « Nul, nul et archi-nul, Ludo tu es nul ! »

J'ai reçu un gros coup de massue sur la tête et j'ai vraiment mal. Parce que je prends conscience que je viens de me fâcher avec ma mère. Il y a cassure. La première, vraie, et c'est moi qui l'ai provoquée. J'ai tout faux, mais impossible de revenir en arrière.

Orgueil mal placé. Je ne peux plus compter sur elle, ni même l'appeler au secours.

Une page vient de se tourner. Elle claque comme une gifle. Me voilà seul dans la vie. J'ai dix-sept ans et 200 francs en poche. Maigre viatique !

Chapitre 12

Sex toy

Je travaille comme stagiaire sur le plateau de Michel Drucker et je gagne 1 200 francs par mois. Comme j'habite chez mon copain Alex qui m'a recueilli après mon piteux départ de Feucherolles, je ne paie pas de loyer et le soir je sors en boîte où je suis toujours invité. Ça, c'est le meilleur côté du statut de fils de célébrité ! Ma petite indemnité de stage me suffit donc amplement pour vivre. J'ouvre mon premier compte-chèques à la Poste en bas de mon nouveau chez-moi.

Un an d'insouciance et de bonheur apparent !

*

Ma vie parisienne, mes sorties, mes petites copines, mes petits copains, tout va bien, je plane et je m'amuse comme un fou. Je me lie très facilement d'amitié avec mes nouvelles connaissances et je me fais indifféremment draguer par des filles ou des garçons. J'ai dix-sept ans et demi, les yeux verts, les cheveux roux, je suis plutôt beau gosse. On apprécie ma compagnie.

Jusqu'à dix-neuf ans, je vis à fond ma nouvelle existence. Je sors d'un contexte où j'étouffais. Quand je qualifie mes derniers mois à Feucherolles d'enfer, je n'en rajoute pas. Depuis que j'ai quitté la maison, je me sens libre comme l'air et je tiens la grande forme. Au début, j'ai angoissé, c'est vrai, mais maintenant je me dis qu'il n'y avait pas de quoi. Je me débrouille très bien tout seul et je mène enfin la vie dont je rêvais. Je fais un boulot cool et varié où je côtoie des gens intéressants, je sors autant que je veux sans avoir de permission à demander et je m'éclate sexuellement. Moi qui avais besoin de me lâcher dans tous les sens du terme, j'ai enfin l'impression d'exister. Elle est pas belle, la vie ? Si, magnifique !

*

Je vis plein d'histoires sympas, mais je ne veux m'attacher à personne. Pas question d'aliéner ma liberté toute neuve ! Au fil de mes sorties, je rencontre des jeunes femmes, des femmes mûres ou des hommes.

J'assume totalement ma bisexualité.

Pour moi, c'est parfaitement naturel. L'amour me semble avant tout une affaire physique, pour les sentiments on verra plus tard, si ça se présente. Mais, actuellement, je n'en vois pas bien l'utilité. Je vis un moment après l'autre, sans me préoccuper ni de celui qui précède ni de celui qui suivra, ce qui me permet d'en profiter à fond. Cette nuit avec une femme, la prochaine avec un homme peut-être, peu m'importe, ne comptent que le désir et le plaisir.

Pourquoi s'attacher alors qu'il y a tant à découvrir ? Chaque nuit apporte son lot de conquêtes potentielles, il n'y a qu'à piocher, comme dans une boîte de friandises. J'ai la chance de prendre autant mon pied avec les femmes qu'avec les hommes, pourquoi refuser cette heureuse disposition qui multiplie les opportunités et varie les plaisirs ? Un orgasme reste un orgasme, quelle que soit la façon dont on y parvienne. En plus, je me découvre un tempérament d'exhibitionniste. Bref, j'expérimente toute la gamme des sensations, sans un atome de culpabilité.

Assez vite, je me prends pour un petit coq et je commence à briller dans ce nouveau microcosme où je plais.

Il faut dire que je n'ai été élevé que par des femmes. Ma mère bien sûr, qui me servait également de père, ma nounou et ma grand-mère.

J'ai rarement vu un homme dans mon entourage proche prendre des décisions et imposer ses règles. C'est peut-être pour cela que j'ai un côté féminin très développé, même si je me sens mâle avant tout. J'ai grandi dans un milieu où il n'y avait pas de tabou. À Saint-Tropez, je me souviens de l'un des producteurs de maman qui arrivait à la villa avec ses gitons pour les consommer sur place, personne n'a jamais émis la moindre critique sur son comportement.

*

Quand j'ai quitté la maison, je n'avais qu'une idée en tête et je n'arrêtais pas de me répéter pour me rassurer : « À Paris, je vais baiser comme un fou parce qu'il n'y a que cela qui compte et que je n'en peux plus ».

Je retrouve donc mes copains et connaissances de Saint-Tropez qui m'entraînent dans les lieux branchés de la capitale tels Le Palace, Le Boy, etc. Ils ont tous la trentaine et, homos ou pas, ils sont super cool.

Je commence à me faire un nom dans le monde de la nuit. Je peux entrer partout et surtout rentrer avec qui je veux. Enfin, j'ai une vie agitée ! Tous les deux jours, voire tous les jours si je ne suis pas trop cassé, je rencontre quelqu'un d'autre.

Mec, nana, dans l'ordre ou le désordre, tant qu'il y a

attirance et affinité, je ne me pose pas de questions. Pas de port d'attache, pas de fil à la patte, je ne garde jamais aucun numéro de téléphone et je donne très rarement le mien. Il s'agit d'expériences sans lendemain et c'est très bien comme ça.

*

Je vis au jour le jour ou plutôt au soir le soir.

Je vois un homme un peu plus âgé pendant quelques jours. Ce n'est pas méchant... Pour l'instant, je ne donne pas dans les trucs hard, ça viendra plus tard quand ce sera une affaire de perversion et d'autodestruction.

À cette époque, les jeux érotiques sont plus doux. J'étanche ma soif de plaisir et de découverte. Il m'arrive même de rencontrer des couples qui me ramènent chez eux. Là, je baise Madame pendant que Monsieur regarde. Je suis un objet de plaisir, un jouet manipulable à souhait. Mais « aux purs, rien d'impur », j'offre mon corps aux uns et aux autres avec une sorte de candeur, puisque je n'y vois aucun mal. Je n'y peux rien si je n'ai pas le sens du péché !

*

Pendant cette quête, il y a des expériences qui me marquent plus que d'autres.

Comme ce lendemain de l'anniversaire de mes dix-huit ans où je rencontre une fille beaucoup plus mûre que moi. En fait, elle a exactement le double de mon âge. Elle dit travailler la nuit, ce qui n'est pas faux... Pour moi, elle fait commerce de ses charmes.

Émilie est grande, 1,72 m plus les talons, brune aux cheveux courts, avec une bouche pulpeuse à souhait et des seins magnifiquement refaits. Un véritable avion à réaction ! Je suis avec ma bande de potes au Palace. On s'éclate et on boit sec. Elle, elle est au bar. Un échange de regards suffit, je comprends que l'affaire est dans le sac.

Nous discutons de tout, enfin surtout de rien. Elle me trouve marrant et sympa. J'ai une bonne tête et je suis nouveau sur le marché. Ni une ni deux, vers 3 heures du matin, elle me ramène chez elle. Son appartement dans le XVIe est confortable. Elle doit travailler dur ou avoir de généreux bienfaiteurs. On ne se perd pas en salamalecs et on passe direct à l'action.

Elle s'occupe bien de moi. Une vraie pro, il n'y a rien à redire.

Nos ébats me confirment que Justine m'a donné une solide formation. J'assure comme une bête face à cette experte. Preuve en est, Émilie et moi restons plus ou moins ensemble pendant près de six mois.

*

Une chose est certaine : je sors pour sortir, je fais la fête pour faire la fête et je jouis pour jouir. Pas très intellectuel, certes, mais efficace...

La plupart de mes « coups », hommes et femmes confondus, sont plus âgés que moi. Avec les plus riches, si je voulais j'aurais plein de possibilités, mais cela ne m'intéresse pas, du moins à cette époque, de jouer au gigolo de service.

Ils ont trente-cinq, quarante ans, voire plus. Ce sont des « guerriers de passage », juste pour une soirée, juste pour le fun. On fait ce qu'il y a à faire, je me rhabille et je rentre chez moi. Je n'ai pas besoin de m'agripper à la tiédeur d'un autre corps pour sombrer dans un sommeil de plomb et je n'ai aucune envie de partager plus d'intimité.

J'enchaîne à un rythme soutenu, sans me vanter je peux dire que j'ai une année bien remplie.

*

Tous les soirs, il faut que j'y aille. Il faut que je rattrape le temps perdu. C'est un bonheur extraordinaire de donner du plaisir, à la fois un cadeau qu'on offre et qu'on reçoit.

Des cadeaux justement, on m'en fait à la pelle, de marque et de luxe : montres, vêtements, restaurants chic... Il ne m'en faut pas plus pour me croire heureux.

*

Quand je comprends que je séduis, je me dis que c'est un moyen comme un autre de recevoir l'amour dont j'ai manqué tout au long de mon enfance. Personne ne me résiste, je deviens un véritable bourreau des cœurs. Plus on m'aime, plus j'exulte.

Sauf que ce n'est pas de l'amour, c'est du désir, mais à l'époque je ne fais pas la différence. Chaque témoignage d'attention est bon à prendre, je ne me soucie pas de savoir ce qui le motive. Tout ce que je vois, c'est qu'on me veut. On me fait les yeux doux, on m'embrasse, on me murmure des mots tendres, on me caresse... Quand je rentre dans un restaurant ou une boîte, j'aime sentir le frisson de convoitise que je déclenche sur mon passage.

La plupart du temps, ceux qui me regardent comme un pot de fraises ne savent pas comment je m'appelle ni que je suis le fils de Sheila. C'est Ludo qui leur plaît. La jeunesse, la beauté sont mes seules richesses. Je me sens enfin précieux. Que ces rencontres éphémères soient superficielles, cela ne m'effleure pas. Pour moi, elles sont toujours intenses sur le moment. Que je les multiplie au point qu'elles laissent peu de traces n'a aucune espèce d'importance. Je ne fais pas ça pour me fabriquer des souvenirs pour plus tard mais pour me sentir exister ici et maintenant.

*

Pendant des mois, mon mode de vie plutôt agité me procure un répit salutaire. Je n'ai pas le temps de trop réfléchir ni de me poser des questions. De loin en loin, je me dis quand même que c'est incroyable que je n'aie toujours pas de nouvelle de ma mère ! Alors je ressens un pincement au cœur, mais vite vite, j'écarte cette pensée. Un whisky ou une étreinte suffit à m'en distraire. Jusqu'à ce qu'elle revienne à intervalles de plus en plus rapprochés et devienne lancinante comme une douleur chronique que l'alcool et le plaisir ne parviennent plus à endormir.

Je me livre alors à un combat intérieur. Une sorte de bras de fer pour ne pas craquer avant elle. Une mère normale ne s'inquièterait-elle pas de ne pas avoir de nouvelles de son fils unique ?

Je ne m'explique toujours pas comment elle a pu me laisser partir ainsi sans bouger le petit doigt pour me retenir ni essayer de savoir comment je vais. Son indifférence me blesse et me révolte à la fois.

Peut-être a-t-elle voulu que je me forge tout seul, que je devienne quelqu'un par moi-même ? C'est un point de vue, mais ce n'est sûrement pas ainsi que j'élèverai mes enfants !

Ce qui s'est passé au moment de mon départ, je peux le comprendre. La colère, le dépit, la volonté de ne pas céder, le désir de m'infliger une bonne leçon, tout ça je veux bien l'admettre. Mais depuis des mois, ce silence ! Ça, ça me dépasse. Je ne peux pas m'empêcher de penser qu'il lui faut posséder une grande dureté pour ne jamais s'être préoccupée de mon sort. Ou alors aucune imagination pour ne pas craindre que je tombe malade, que je me fasse écraser par une voiture ou que je tourne mal. Et en tout cas un sacré orgueil pour se refuser à faire le premier pas. Je l'aime et je la déteste, elle me manque et pas moi.

Chapitre 13

La lettre

Certaines des femmes que je côtoie pendant cette période, même furtivement, m'ont vraisemblablement servi de substitut maternel. Je trouve dans leurs bras une tendresse dont j'ai grand besoin, même si je ne veux pas me l'avouer et si je ne suis pas conscient de l'acheter avec du sexe. J'essaye en fait de combler tant bien que mal un manque affectif avec les armes dont je dispose.

Et puis je me rends compte que cela fait plus d'un an et demi que je n'ai pas de nouvelles de ma mère.

*

Mais je n'ose pas appeler car je culpabilise.

Je sais aussi qu'elle ne fera guère d'efforts pour revenir vers moi. De toute façon, elle a toujours été comme ça. C'est son caractère : aux autres de faire le premier pas, c'est normal, c'est elle la Star. Et pourtant, quand elle veut, elle peut être si maternelle, si protectrice et si possessive. Il faut qu'elle donne des directives et qu'elle ait le dernier mot. C'est bien ce qui me désoriente aujourd'hui : je suis passé du tout au rien, d'enfant couvé à complet étranger. Incroyable, insensé !

Pourtant, l'envie de l'appeler me démange, parce qu'elle me manque, pour entendre sa voix, pour me justifier, pour lui parler simplement comme un fils à sa mère. Mais le malentendu sur lequel nous nous sommes quittés, le temps passé loin d'elle et tout ce silence qui s'est accumulé entre nous, je ne me crois pas capable de les effacer d'un simple coup de fil.

J'ai peur de perdre mes moyens, de bafouiller lamentablement, d'appeler au mauvais moment ou de ne pas la trouver et de rester avec mes phrases coincées en travers de la gorge qui m'étouffent. Et surtout, j'ai peur qu'elle se mette en colère sans me laisser m'expliquer.

Il faut donc que je trouve un autre moyen.

*

Comme il paraît que la meilleure façon de parler sans être interrompu c'est d'écrire, je prends mon stylo et un bloc de papier à lettres.

L'accouchement est difficile. Je dois m'y reprendre à plusieurs fois avant de trouver les mots justes, mais pourtant si simples.

Je me sens tellement paumé dès que je pense à elle...

« Chère maman, cela fait un peu plus d'un an qu'on ne s'est pas vus. J'ai le cœur serré et je ne vais pas bien. J'avais besoin de t'écrire. »

Je lui raconte ce que je fais, où j'habite, en mettant l'accent sur le fait que pour moi cette situation est insupportable. Après tout, je n'ai que dix-huit ans et ne connais pas encore grand-chose à la vie.

Je lui redonne mon numéro de téléphone, bien qu'elle le connaisse par cœur, au cas où elle se déciderait à me contacter.

Et je termine en lui disant : « Je t'aime et j'ai besoin

de toi. Je t'embrasse. Arrêtons ce malentendu car j'ai trop mal ».

Puis j'envoie ma lettre à Annie Chancel.

*

Chaque jour, j'attends. Chaque sonnerie de téléphone, j'espère. À chaque passage du facteur, je descends voir s'il n'y a pas une lettre dans la boîte. Mais les semaines passent sans réponse. Ce silence-là est le plus douloureux de tous. Après le premier pas que j'ai tenté de faire, je me sens pire qu'abandonné, carrément rejeté.

Comment est-il possible que maman n'ait pas perçu tout l'amour que j'ai mis dans ma lettre et n'en ait pas été émue ?

Je vais de plus en plus mal. Je passe des heures à me demander si je ne ferais pas mieux de téléphoner puis à me dire que là où l'écrit n'a pas réussi, la parole ne peut qu'échouer. Sans parvenir à me résigner à avoir perdu la femme de ma vie.

*

Six mois s'écoulent et alors que je ne l'espérais plus, je reçois enfin la lettre tant attendue. J'ai du mal à l'ouvrir tant mes mains tremblent.

« Tu es parti. Tu as fait tes choix. Moi aussi, cela me fait du mal de ne pas te voir, mais tu as pris ta décision, c'est la tienne, c'est ainsi. »

Et elle termine froidement par : « Tu es mon fils, je pense à toi. Grandis un peu... »

*

Je lis et je relis chaque mot de la missive pour être sûr que j'en ai bien saisi le sens. Mais non, il n'y a pas moyen de se tromper, c'est parfaitement clair. Pas même un « je t'aime », pas même une once d'affection.

Je suis anéanti. Il lui a fallu six mois pour me répondre ça !

Mon SOS n'a pas été entendu. Ou plutôt il a été ignoré. D'abord je m'effondre, je pleure. De douleur et de rage. Elle s'en fout que je souffre. À cet instant, je la déteste comme jamais auparavant. Je la hais de me faire me sentir si misérable. J'ai honte de l'aimer et d'avoir besoin d'elle alors qu'elle se montre si indifférente à mon sort. Finalement, mon départ lui est un soulagement. Faut-il qu'elle m'ait peu aimé pour si bien se passer de moi !

Je relis tout mon passé à la lueur de cette lettre, et c'est l'horreur. Quel imbécile j'ai été ! Tous ces jours perdus à l'attendre et à l'espérer depuis que je suis né. Pas étonnant qu'elle ne se soit pas plus occupée de moi. Elle n'en a jamais rien eu à foutre de son fils...

La colère et le chagrin me font délirer ainsi pendant tout le week-end qui suit la réception de sa lettre. Puis je finis par me calmer un peu et j'essaie de faire le point. Désormais, hors de question de revenir à Feucherolles. Moi qui n'attendais qu'une chose, qu'elle m'appelle pour que j'aille passer le week-end à la maison et me faire chouchouter, c'est loupé, me dis-je avec un rire amer. Je dois me débrouiller et assumer seul. Chacun pour soi et Dieu pour tous.

*

Cette liberté que j'avais tant voulue, je trouve que je la paye chèrement. Mais ma mère a si bien claqué la porte derrière moi que je n'ai pas d'autre choix que d'aller de l'avant.

Ce n'est pas tant l'aspect matériel de ma situation qui m'inquiète, à vrai dire je suis encore trop ignorant des difficultés de la vie pour m'en soucier réellement. Non, ce qui me mine, c'est que ma mère ait choisi de rendre la rupture affective entre nous irrémédiable. J'ai toujours évité les conflits avec elle car je n'ai jamais eu la force de les affronter. Elle ne veut jamais rien lâcher. Aux autres de plier. Ce qui s'explique par le fait qu'elle a toujours été adulée, entourée, choyée et assistée.

Lorsqu'elle a décidé de tout arrêter, disque, scène et carrière musicale, elle a pris sur elle, mais elle n'était pas prête. Le changement s'est avéré trop brutal. Et désormais, aveuglée par ses propres erreurs, elle refuse de les admettre.

Pourtant, elle peut se montrer géniale, avec un cœur gros comme ça. À mon sens, la vie qu'elle a menée l'a détournée de ce qu'elle est réellement.

Elle doit gérer sa double personnalité, et bien sûr Sheila prend le pas sur Annie. Au fond d'elle, elle en souffre, sans se rendre compte qu'elle le fait payer aux autres. Malheureusement, la première personne à en faire les frais, ce sera moi.

Avant, cela passait, elle était active, sans cesse en tournée, d'une scène à une autre, mais maintenant c'est différent puisqu'elle ne fait plus son métier. Elle qui possède une énergie hors du commun, elle ne sait plus comment la défouler. Elle erre dans un tunnel dont elle ne trouve pas la sortie et plus ça va, plus elle se renferme et s'aigrit.

Je n'irai pas jusqu'à dire qu'elle se venge sur les autres, mais toute cette frustration, où voulez-vous qu'elle la déverse si ce n'est sur ses proches, les gens qu'elle aime ? Seulement voilà, ce que je comprends à trente ans, après une psychanalyse, à dix-huit ans j'étais bien incapable de le percevoir.

Chapitre 14

Retrouvailles

Ma principale erreur a été de ne pas prendre en compte son état d'esprit lors de mon départ de la maison. C'est ce jour-là que j'ai mis le petit doigt dans l'engrenage qui me broie le cœur aujourd'hui.

Impossible d'en rester là, je souffre trop. Je vais faire une dernière tentative. Cette fois-ci, je me décide à l'appeler. À peu près une semaine après avoir reçu sa lettre.

Coup de chance, je tombe sur elle directement. Pas de filtre, ni de répondeur. Et bizarrement, notre conversation ne se passe pas si mal que ça. Elle me dit qu'elle attendait un coup de téléphone et non une lettre, j'ai fait l'inverse de ce qu'il fallait. Comme d'habitude !

*

Nous nous fixons rendez-vous dans Paris à la brasserie La Lorraine, place des Ternes, pour un déjeuner trop rapide à mon goût. Elle est visiblement contente de me voir. Moi aussi et je ne sais pas par quoi commencer, tellement ému que mes idées s'embrouillent.

Cette période de séparation où j'ai tellement pensé à ce que j'allais lui raconter aboutit à un examen de passage, avec à la clé le trou noir. C'est peu de dire que cette entrevue me perturbe !

J'aurais tant voulu profiter de nos retrouvailles et de ce déjeuner pour lui dire tout ce que j'avais fait, tout ce qui s'était passé pendant cette année et demie, ma copine, mon boulot... Mais impossible, il n'y en a que pour elle. Heureusement, le contact est rétabli, je sais que sa porte n'est dorénavant plus fermée et que j'irai passer des week-ends chez elle comme avant.

Il me semble que notre séparation a duré une éternité, mais pour elle il s'agit d'un instant. Elle donne même l'impression qu'on s'est quittés la veille. Elle a un caractère tellement fort qu'elle arrive à transformer les événements à son avantage.

C'est le côté égocentrique de Sheila, l'icône imperturbable.

*

Je sors de La Lorraine à la fois triste et heureux. Triste qu'elle n'ait pas consacré plus de temps à nos retrouvailles. Heureux que la porte que je croyais verrouillée se rouvre. Allons, Ludo, tout n'est pas perdu, pour une fois essaie de voir le côté positif de la situation, me répété-je tout au long du chemin qui me ramène chez moi. Je me sens mieux, c'est indéniable ; pas totalement rasséréné mais soulagé d'une partie de ma souffrance.

Je repasse notre conversation dans ma tête. C'est quand même un comble : elle ne comprend pas pourquoi je ne l'ai pas appelée. Alors que c'est elle qui m'a jeté !

Quelques années après, nous en avons reparlé. Je lui ai dit :

— Tu m'as mis dehors !

Et maman de me répondre sèchement :

— Non ! C'est toi qui es parti !

Je lui ai demandé si elle ne s'était pas angoissée lorsque j'avais franchi le seuil de la porte :

— Si bien sûr, je n'en dormais plus la nuit.

— Alors pourquoi tu ne m'as pas appelé ?

— J'ai respecté ta décision, c'était à toi de te manifester.

— Mais maman, c'est toi qui as cinquante ans, c'est toi qui as l'expérience.

— Tu me fais chier ! On ne va pas revenir là-dessus, c'est du passé !

Bref, j'abdique. Chacun a sa croix à porter, la mienne c'est ça...

*

Pourquoi n'ai-je pas eu des parents normaux, une maman, un papa ? Aujourd'hui, qu'est-ce que je peux y faire ? Alors autant prendre ce qu'il y a à prendre, même si c'est très peu. En fait, j'aurais voulu être le fils d'Annie, mais je suis celui de Sheila. C'est aussi lourd à porter que compliqué à expliquer...

*

Je me rappellerai toute ma vie de cet épisode loufoque où elle cherchait un styliste dans le coup pour la relooker avant son nouvel Olympia. Elle a dû regarder, éplucher, feuilleter et comparer tous les magazines de mode du moment avant de jeter son dévolu sur le jeune Éric Bergère. Courageuse mais pas téméraire, elle me téléphone pour que je l'accompagne dans ses ateliers. Depuis 48 heures, Bergère passe par toutes les couleurs de l'arc-en-ciel tellement il a le trac à l'idée de rencontrer son idole.

Lui qui habille la terre entière et les méga stars américaines, Sheila le met dans tous ses états. Lorsqu'il la voit en chair et en os, il en tremble ! « C'est le plus beau jour de ma vie », lui murmure-t-il, au bord de l'évanouissement. Il se tourne alors vers moi : « Vous ne vous rendez pas compte. Pour nous, c'est une icône ! » Effectivement, elle a fait rêver au moins trois générations. Elle a vendu plus de 75 millions d'albums en quarante ans de chanson.

Malgré les années écoulées, elle demeure *Jolie petite Sheila*, la petite fiancée de la France... et moi l'enfant d'une adolescente à couettes.

Chapitre 15

Sylvia

Je rencontre Sylvia[1] pratiquement un an après avoir quitté la maison, j'ai donc dix-huit ans et demi. C'est une amie commune qui nous présente. Le choc ! Elle est trop belle, un vrai canon. Des yeux en amande, une chute de rein magnifique, une taille fine et un teint légèrement bronzé qui mériteraient l'objectif d'un photographe de mode. Je trouve son visage ultrasensuel et sa silhouette hyper sexy. Elle sait s'habiller pour mettre en valeur ses courbes, sans sombrer dans la vulgarité. Je découvrirai plus tard qu'elle peut passer une heure à hésiter entre plusieurs décolletés, mais il faut dire que le résultat en vaut la peine. C'est le coup de foudre immédiat ! Elle vient d'une famille méditerranéenne de condition modeste. Ses parents sont concierges.

Je découvre un autre monde...

*

1. La démarche que j'ai entreprise en écrivant ce livre étant personnelle, j'ai choisi de changer son prénom afin de ne point l'y associer ni l'indisposer.

Grâce à l'éducation que m'a donnée ma mère, je suis capable de m'adapter à des milieux diamétralement opposés. Je suis bien partout. Pas de problème, dans une chambre de bonne j'assume, dans 900 m^2 j'assure !

Je rencontre des gens simples, mais surtout des parents qui s'occupent de leurs enfants car Sylvia a un frère sur lequel elle aussi veille tendrement. Cela me fascine car c'est nouveau pour moi. Ils deviennent rapidement ma famille d'adoption. Quand Sylvia leur répond mal ou qu'elle hausse le ton, je suis outré ! Je la sermonne : « Comment peux-tu parler comme ça à tes parents ? Ils n'ont rien et ils te donnent tout ! Moi, mes parents, ils ont tout et je n'ai rien ».

Chez ces gens simples, j'ai enfin l'impression que la vie est simple. Ils ont du mal à joindre les deux bouts, certes, ce qui n'empêche pas leur intérieur d'être impeccable et qu'il y ait tous les jours de quoi manger sur la table. On ne manque de rien, mais il n'y a pas de place pour le futile et le superflu. Ils vont directement à l'essentiel. J'ai fait le tour du monde, vécu dans les plus beaux palaces et les plus belles maisons, j'ai fréquenté les meilleures écoles, j'ai eu tout ce dont peut rêver un garçon de mon âge... tout, sauf ce qui fait leur richesse et qui ne s'achètera jamais : l'amour.

*

Tous les étés, ils retournent vers leur région d'origine, dans le même village depuis des lustres, et partagent une petite maison avec le reste de la famille. Tout le monde est heureux de se retrouver ensemble, sans se soucier d'être entassés. Ils sont environ une trentaine et ils s'adorent. J'hallucine... C'est tellement différent de tout ce que j'ai connu. Je ne peux m'empêcher de penser : « C'est ça la vraie vie ! C'est ce que j'attends d'elle depuis si longtemps ».

*

Quand je rencontre Sylvia, je squatte encore chez des copains. C'est tout naturellement qu'elle me propose de venir vivre dans sa famille. Sylvia a un an de moins que moi et c'est la première fille pour laquelle je ressens vraiment de l'amour. Pour elle, je mets un terme à la vie dissolue que je menais jusqu'alors. Avec elle, je me sens bien, en paix avec moi-même. Elle devient le socle sur lequel je fonde tous mes espoirs, mes racines et mon horizon.

Ses parents me reçoivent à bras ouverts, comme si j'étais leur propre fils. Pour un garçon qui vient de se faire virer par sa mère, la chaleur de cet accueil ressemble à une consolation tombée du ciel. Ils habitent une grande loge dans le XVIe arrondissement.

L'appartement n'est pas immense, mais tout est relatif puisque chacun a sa chambre. Il y a un petit salon dans les tons beiges où trône une grande table en bois rustique foncé entourée de six chaises cannées.

Au centre de la table, toujours dressée pour accueillir des convives, se trouve une grande corbeille de fruits avec des pommes de toutes les couleurs, des clémentines et des bananes. Des napperons en dentelle blanche complètent ce décor. Au fond, une grosse télévision posée sur un meuble à tiroirs, et sur sa gauche une grande vitrine remplie de poupées folkloriques. Des vrais nids à poussière, rouspète la mère de Sylvia en les époussetant soigneusement tous les matins. Un petit couloir dessert les chambres à coucher. Les parents occupent la plus grande, située sur la gauche. Sur la droite, celle de Sylvia, qui sera désormais aussi la mienne, et celle de son frère.

Chez Sylvia, l'ambiance est bleu marine. Un grand lit double, d'un mètre soixante de large, parsemé de coussins dans des tons azur dégradés. Au mur, des posters de ses idoles : le beau Jim Morrisson, le chanteur des Doors, et Prince, encadrés tels des reliques. Elle a même sa propre petite télé ainsi qu'un magnétoscope. Il y a tout le confort et je m'y sens bien.

*

Cela fait déjà un an que je ne parle plus à ma mère. Depuis que je vis chez Sylvia, je suis tellement bien entouré que j'ai l'impression d'avoir trouvé ma vraie famille. Celle d'avant ne me manque pas du tout, du moins c'est ce dont je tente de me persuader. J'évolue dans un tourbillon dont je suis l'instigateur et rien d'autre ne compte si ce n'est le présent. Je ne veux pas penser au passé, mais je n'arrive pas toujours à le reléguer aux oubliettes. Dès que le souvenir de ma mère resurgit dans mon esprit, je perds pied. D'un seul coup, je ne sais plus du tout où j'habite ni qui je suis. Le décalage de milieu, de style de vie entre chez ma mère et ici me donne le vertige. Où est ma place ? Plus à Feucherolles, pas ici non plus. Oui, mais ici on veut bien de moi et on m'aime. Alors je fais comme si de rien n'était. Pour les parents de Sylvia, ce n'est pas évident non plus. Il faut imaginer ce que cela représente d'avoir le fils de Sheila à la maison !

*

Je dois dire qu'au début je m'abstiens de révéler mon identité à Sylvia. Mais à chaque fois que je sors avec elle, je tombe systématiquement sur quelqu'un de ce milieu très parisien qui me connaît et sait que je suis le « fils de ». Je tiens deux ou trois mois avant d'être obligé d'avouer mon illustre filiation à ma fiancée.

Décemment je ne peux plus la lui cacher. En plus, il y a

toujours une bonne âme pour brandir sous mon nez un magazine où j'ai posé avec ma mère. J'ai beau ne pas ciller, Sylvia finit quand même par comprendre.

Autrefois déjà, quand j'invitais mes copains d'école à la maison, je ne disais jamais rien. Mais lorsque tout d'un coup ils voyaient arriver maman, ils étaient estomaqués.

« Mais ta mère, c'est Sheila ? Pourquoi t'as rien dit ? On peut avoir des disques dédicacés ? » Badaboum, j'étais fichu. J'aurais dû m'en douter. Une maison de 900 m^2 et une star en guise de mère, ça fait beaucoup. Il y avait un tel décalage entre leur monde et le mien que j'en avais honte. Ils étaient époustouflés, et moi gêné.

Dès ce moment-là, j'avais l'impression qu'ils ne voyaient plus en moi Ludo, leur copain de récré, mais uniquement le fils de Sheila. Leur comportement à mon égard changeait, ils me regardaient comme quelqu'un d'exceptionnel, que je savais déjà ne pas être. D'accord, ma mère est un personnage hors du commun, mais moi je n'aspire qu'à la normalité et à l'anonymat. Et puis je ne veux pas qu'on s'intéresse à moi parce que je suis le fils d'une célébrité, mais parce que je suis moi.

Ce qui est particulièrement assommant, c'est que la plupart des gens semblent s'attendre à ce que je sois une sorte de clone de ma mère, que je possède les mêmes talents et les mêmes qualités. Eh bien, non, désolé. Et puis il y a aussi les questions stéréotypées, souvent stupides, parfois indiscrètes : « Tu as écouté tous ses disques ? Et plus tard, tu veux être chanteur comme elle ? Vous vous entendez bien ? C'est difficile d'être le fils d'une star ? Elle s'est fait faire combien de liftings ? » Qu'est-ce que vous voulez répondre d'intelligent et d'original à ce genre de truc, surtout à la cinq-centième édition ? Sans parler des requêtes intéressées, comme s'il suffisait que je demande à ma mère qu'elle se montre dans un restaurant ou s'intéresse à un chanteur débutant pour qu'elle s'exécute.

Tout le monde a l'air de penser que ma vie est une autoroute, droite et lisse. Personne ne s'imagine qu'un « fils de » puisse être fauché et galérer. C'est pour cette raison que, aussi longtemps que possible, j'évite de dire mon nom et de parler de ma famille. À la minute où mon interlocuteur apprend mon identité, une modification s'opère dans son attitude. Il n'y a rien à faire, ça se passe toujours de la même façon, personne n'y échappe.

*

Sauf Sylvia. Au bout de trois mois que nous sommes ensemble, j'ai enfin droit à la fameuse question :

— Pourquoi tu ne m'as rien dit ?

Voilà, rebelote, je vais tout me reprendre dans la figure. Je lui réponds sans détour :

— Parce que j'ai honte ! Pas d'avoir une maman formidable quand elle veut bien prendre un peu de son temps, mais d'être le fils de Sheila et non celui d'Annie. Je n'ai pas eu la chance d'être un enfant comme les autres.

Je poursuis en lui disant :

— C'est tellement simple chez toi ! Tes parents t'aiment tant, tu n'as pas idée de ce que j'ai vécu. Maintenant que tu sais, toi aussi tu vas changer, tu ne seras plus la même avec moi.

Contrairement à mes craintes, elle réagit d'une façon géniale :

— Mais je m'en fous complètement, mon pauvre Ludo, que tu sois le fils de Sheila ou de la reine d'Angleterre ! Je t'aime tel que tu es et d'où que tu viennes.

Je suis à moitié rassuré, je n'ose pas vraiment y croire,

mais je fais comme si. J'ai tellement peur de son nouveau regard.

*

Dorénavant conservera-t-elle la même sincérité envers moi ? Me gardera-t-elle dans le droit chemin comme elle a si bien su le faire jusqu'à présent ou m'enverra-t-elle directement dans le mur comme tous les autres « rapaces » pour qui je ne suis qu'un faire-valoir ? Le paraître, le snobisme, Paris et ses castes, j'en arrive et j'en ai eu plus que ma dose.

Au fond de moi, j'ai l'impression que personne ne verra, et par conséquent n'aimera, jamais en moi Ludo, mais toujours le « fils de ». Je souffre déjà d'un manque d'amour évident, alors si Sylvia s'y met, je suis perdu.

Elle trouve les mots pour me rassurer et m'insuffler la confiance qui me fait défaut. Même si je frime, je n'ai jamais que dix-huit ans et demi et je ne connais rien encore à la vie. Depuis Sylvia, je me consolide, je revis, elle me motive. Elle suit des cours au lycée Claude Bernard, je ne peux pas rester là à ne rien faire. Dans sa famille, tout le monde en veut et travaille. Son père le répète souvent : « Il faut gagner son pain quotidien ». Ce qui restait sur mon compte en banque a fondu comme neige au soleil, je ne peux décemment pas vivre aux crochets des parents de Sylvia, qui ont déjà la bonté de m'héberger. Je prends conscience que je dois grandir, m'assumer et donc trouver un vrai boulot pour gagner mon indépendance.

Chapitre 16

Au boulot, Ludo !

C'est décidé, comme j'adore les fringues et la mode en général, je vais chercher dans ce secteur. Quoi de mieux que d'aller traîner dans le quartier des Halles où le nombre de boutiques branchées au mètre carré est le plus élevé de Paris ?

Une fois sur place, je n'ai que l'embarras du choix pour commencer ma prospection. Je doute un peu de moi du fait de mon inexpérience, mais pour Sylvia je me dois d'y arriver. Je suis habillé comme un jeune homme de mon âge, jean, tee-shirt et Timberland aux pieds, le look du moment.

Et me voilà parti à la quête d'un job. Je marche, je regarde les vitrines pour voir s'il n'y a pas d'annonces d'embauche. Je rentre dans certaines boutiques au feeling et je demande s'ils n'auraient pas besoin d'un vendeur.

Au bout d'une bonne heure, un peu découragé par le manque de succès de ma recherche, j'ai l'impression de flâner comme le ferait un touriste du dimanche.

*

C'est à ce moment que j'entends une voix qui m'interpelle :

— Vous cherchez quelque chose ?

J'hésite quelques secondes puis je me lance :

— Oui, du travail !

Le dialogue s'instaure :

— Tu veux travailler, c'est bien, mais qu'est-ce que tu sais faire ? me dit, l'air amusé, l'homme qui vient de me héler.

Il me jauge, j'ai même l'impression qu'il me déshabille du regard. Un peu désarçonné, je lance :

— Ben rien ! Mais j'apprends vite !

Ce n'est pas le moment de flancher, j'ai une touche, je le sens bien.

— Tu as déjà vendu ? J'ai besoin d'un extra pour les week-ends. Si cela t'intéresse, sois là samedi à 10 heures précises, nous verrons de quoi tu es capable.

Je le regarde dans les yeux et lui dis :

— D'accord, moi c'est Ludo, et toi ?

— André.

*

Je le trouve génial, ce mec ! Rien que sur ma bonne mine, il m'engage. Sans CV ni entretien en règle. Il ne sait rien de moi et me donne ma chance, c'est trop cool.

Physiquement, André ressemble à un ange. Son accent trahit ses racines du sud de la France, dont il a conservé l'abord chaleureux et la gentillesse. Il s'habille jeune et dans le coup. Sa marque fétiche c'est Ralph Lauren, il en possède toute la panoplie, de la chemise au polo en passant par le jean. Une ceinture Gucci et des mocassins Berluti complètent l'ensemble. Il est toujours impeccable.

Son magasin est branché et propose toutes les marques au goût du jour. Je suis trop content, car par rapport à mes copains c'est la classe.

*

Je rentre chez Sylvia l'esprit tranquille et le cœur léger. Au moment de passer à table, pour le sauté de veau traditionnel accompagné d'une ratatouille de légumes frais, tout le monde est présent. J'en profite pour annoncer la bonne nouvelle.

— Ça y est, j'ai trouvé un boulot dans une boutique de fringues aux Halles et je commence samedi.

Les félicitations pleuvent, les embrassades et les accolades aussi. J'ai l'impression d'être quelqu'un.

*

J'arrive donc comme convenu à la boutique le samedi à 10 heures. Je suis intimidé, je n'ose pas trop me lancer. Dans le but de m'apprendre les bases nécessaires, André reste derrière moi. Il prend le temps de m'expliquer et de me présenter les marchandises dans leurs différents rayons. C'est encore le matin et il essaie de me mettre en confiance avant le rush de l'après-midi. Il y a tous les vêtements dont un ado peut rêver. Une véritable caverne d'Ali Baba.

J'adore ! Et je me dis que ce sera facile de vendre des vêtements qui me plaisent et que j'ai envie de porter. André se montre très gentil et au moment de la pause-déjeuner, je décide de faire ce que je n'ai jamais fait avant : lui confier qui je suis.

« Ma maman, c'est Sheila... » Sous le choc de cette révélation, André fait une tête digne d'un dessin animé. Les yeux lui sortent du visage et il reste la bouche ouverte, la mâchoire pendante. Très attaché à la famille, il n'en revient pas. Je le sais aujourd'hui pour avoir fréquenté ses proches pendant plus de huit ans : ces parents-là donnent tout à leurs enfants. Ils sont à leurs côtés et les portent. Jusqu'à ce qu'ils trouvent un travail, ils sont pris en charge par eux, c'en est impressionnant.

André trouve incroyable qu'à dix-neuf ans je sois lâché dans la nature sans aucun soutien affectif ni économique. D'autant plus que ma mère est une star à l'abri du besoin. Son comportement à mon égard lui paraît inconcevable, et même inadmissible. Il est indigné au plus haut point.

Une fois cette conversation terminée, notre sandwich et notre Coca avalés, nous retournons au magasin.

*

Ce premier jour de travail, j'avoue que je ne fais pas grand-chose. J'essaie de me concentrer, j'écoute les conseils et je regarde les techniques qu'utilise mon boss. J'apprends à plier les chemises et les pantalons, à ranger les blousons, les chaussures et les ceintures, à organiser la réserve, bref je me familiarise avec mon nouvel environnement. Peu avant la fermeture, je réalise ma première vente : une paire de chaussures à 300 francs. Je suis très fier de moi, enfin je me rends utile.

La journée se termine bien. Avant de partir, André me demande :

— Tu veux travailler à temps complet ?

La proposition m'enchante immédiatement. J'aurai le Smic, soit environ 5 000 francs par mois, mais pour moi qui n'ai pas une notion très arrêtée de l'argent, cela représente une somme énorme.

Je vois André comme mon sauveur. Quelle chance ! Je suis aux anges.

*

À dater de ce jour, il devient l'un des piliers de ma vie, incontournable, inamovible. À son tour il se confie à moi en m'avouant sa préférence pour les garçons. Me voilà prévenu et pas le moins du monde décontenancé pour autant.

Chapitre 17

André

Cela fait maintenant trois mois que je travaille tous les jours pour lui et avec lui. Tout se déroule à merveille et l'entente avec André ne fait que grandir. Comme tous les samedis, il y a affluence et, pour la première fois, j'explose le chiffre d'affaires. J'ai tellement cartonné que j'ai réalisé en une journée la recette de la semaine. André n'en revient pas et pour fêter l'événement m'invite à dîner.

Pas n'importe où, chez lui dans le XVIe. Nous passons chez un traiteur de renom du quartier et là André sort le grand jeu. Foie gras truffé et sa gelée au porto, saumon fumé, zakouskis, salade orientale au yaourt, sorbet, champagne rosé. Je ne dis rien, mais j'apprécie déjà. Ce menu de gala, c'est en mon honneur !

Il doit être vraiment satisfait car généralement il se montre plutôt économe. Nous dînons, nous parlons de tout et de rien et c'est tout naturellement que j'atterris, nu comme un ver, dans son grand lit. Il est content et moi aussi. On s'offre du plaisir l'un à l'autre.

Il m'aime et la réciproque est vraie. L'atmosphère n'a rien de malsain. Je n'ai aucun problème et surtout aucune gêne. Dans mon cas c'est un aboutissement logique, une forme de confiance mutuelle qui se concrétise. Je suis au paradis. J'ai tout ce que je veux. J'ai craqué, il a craqué et c'est le début d'une longue aventure amoureuse entre nous. Il sera mon amant pendant des années.

Tout baigne...

Peu à peu, je prends la place d'André au magasin. Mon salaire s'en ressent. En trois ans, je passe progressivement, avec les primes et les intéressements, de 5 000 à 10 000, 15 000 et même 20 000 francs par mois... Tout évolue pour le mieux dans le meilleur des mondes.

*

J'ai maintenant vingt-deux ans, je suis toujours avec Sylvia et nous venons d'emménager dans notre premier chez-nous. C'est un grand studio de 40 m² dans une rue commerçante du XVIe arrondissement, la rue Saint-Didier. Tout ou presque est nickel.

Pendant cette période, j'ai ma mère au téléphone régulièrement et, de temps en temps, le droit d'aller la voir le week-end. Le dialogue est toujours aussi difficile. Elle ne s'intéresse pas à ma vie. Tout juste sait-elle que j'ai une petite amie, et que je vends des fringues aux Halles. Pour elle j'ai tout faux. Je n'étais pas programmé pour ça. Elle me lance :

— Cela me fait beaucoup de peine ! Tu es descendu bien bas, mon pauvre Ludo !

Je lui fais remarquer :

— Je me débrouille seul et je gagne ma vie honnêtement.

— Ton choix de vie est très bizarre. Qui est cet André, qui est cette Sylvia ?

Je n'ai pas le temps de lui répondre, elle hausse les épaules dédaigneusement.

Voilà le seul être qui ne me dit pas ce que j'ai envie d'entendre. Tout le monde me couvre d'amour et m'adore.

Sauf la personne la plus importante de ma vie. Maman. Encore et toujours elle.

Je n'ai aucune envie de déclencher un nouveau conflit entre nous, donc je choisis de ne pas réagir à ses critiques, quoiqu'elles me blessent profondément. Je les range dans un coin de ma tête. Maman ne veut pas rencontrer Sylvia, ni même voir où je travaille. Tant pis.

*

Entre-temps, ma nouvelle vie et mon nouveau statut social attisent mon désir d'indépendance à tous les niveaux. Après le grand studio, il me faut un moyen de locomotion. J'émets l'idée d'acheter un scooter. J'en parle avec André pour qu'il m'avance l'argent, que je lui rembourserai petit à petit. Vu ma bonne volonté et mes excellents rapports avec lui, cela ne lui pose aucun problème. Mieux encore, il me l'offre avec tous les accessoires, casques, assurance, etc.

Ainsi équipé, je décide de jouer le tout pour le tout. Ce week-end, je pars à Feucherolles en scooter avec Sylvia pour la présentation officielle. Depuis six mois, cette idée me hante. Ce n'est tout de même pas normal que ma mère ne connaisse pas la fiancée qui partage ma vie depuis plus de deux ans.

Arrivé à la maison, à la seule vue du scooter, j'ai déjà droit à la tête. Maman n'est pas contente et l'affiche clairement sans avoir besoin d'ouvrir la bouche. Cela commence bien !

Elle tend une main d'acier à Sylvia :

— Bonjour, enchantée, je suis Annie Chancel.

Ah ça, on ne peut pas lui reprocher d'être hypocrite et de faire semblant d'être enchantée de cette rencontre ! Sylvia, très embarrassée, rougit et ne sait plus où se mettre. Après cette prise de contact pour le moins réfrigérante, nous entrons dans la maison. Je vois les yeux de Sylvia s'arrondir de surprise, elle réprime de justesse une exclamation. Elle hallucine littéralement. Ça y est, elle réalise, dans le sens inverse, le choc que j'ai eu en arrivant chez ses parents. Elle doit se dire : « C'est incroyable ! Il préfère la loge familiale et notre studio alors qu'il a vécu dans un tel luxe ! »

Comme à son habitude, Yves, mon beau-père, ne se mêle de rien. Il préfère garder ses distances. Trop compliqué pour lui de prendre position face aux humeurs de Sheila. Aucun soutien à espérer de sa part. Je dois affronter seul l'humeur revêche de ma mère.

*

Après cet épisode, ma vie avec Sylvia reprend son cours. Les amis, les sorties, les dînettes, le travail et André. Tout roule.

Peut-être même trop bien. Pour une fois que j'ai de la chance...

Chapitre 18

L'accident

Tout roule... jusqu'à la sombre nuit du 10 au 11 novembre.

Je dois dîner avec André ce soir-là. Il est 22 heures, je rentre du travail. Un baiser dans le cou de Sylvia et je file sous la douche car je suis déjà en retard. J'enfile un pantalon, une paire de Weston, ma chemise préférée, une Dolce & Gabbana bleu ciel, un pull et mon manteau Versace bleu marine trois quarts. Parfait, je suis tout beau et je sens bon.

Le sourire conquérant, j'enfourche donc mon scooter et quitte le XVIe, direction le Trocadéro. Je trouve ça cool d'être autonome et de pouvoir circuler librement sur mon petit Vespa noir de 50 cm³. Il est équipé d'un pare-brise et d'un top-case pour ranger le deuxième casque. La selle beige est assortie à la couleur de mon casque. Je l'adore, on en jette tous les deux ! Il est beau comme un Italien, d'ailleurs il est italien et je l'appelle Gino. J'en prends le plus grand soin car j'y tiens comme à la prunelle de mes yeux et je veux qu'il soit toujours impeccable.

Malheureusement, il dort dehors, pas moyen de faire autrement. Mais si je pouvais le garer dans l'appart, je le ferais. Rien que d'imaginer la tête de Sylvia, j'ai abandonné cette idée.

Grâce au pare-brise, je n'ai pas besoin de lunettes. C'est beaucoup plus chic ! Je suis un fana de vitesse mais ce soir-là, malgré mon retard et contrairement à mes mauvaises habitudes, je reste en deçà de la limitation de vitesse. Je roule à environ 40 km/h, détendu, de bonne humeur et pas speed du tout.

J'arrive au carrefour de la porte d'Auteuil. Je commence mon virage pour enfiler la rue d'Auteuil et remonter vers l'avenue Mozart, j'ai la priorité. Quand tout à coup je ressens un choc abominable qui me désarticule comme un pantin.

Je viens d'être percuté de plein fouet par une Renault 25 lancée à pleine vitesse qui, venant de ma gauche, me coupe la route. Pas le temps de freiner, dans un réflexe désespéré j'essaie de faire déraper le scooter en bloquant la roue arrière. Sous la violence de la percussion, Gino se fracasse et nous sommes tous les deux projetés par-dessus la voiture. Par chance, en retombant il s'écrase à côté de moi. Quant à moi, c'est ma tête qui touche le sol en premier.

Mon casque en forme de bol se fend en deux comme une vulgaire coquille de noix et je glisse sur une vingtaine de mètres, à même les pavés qui me râpent de partout.

Là, incroyable, je me relève. Les nerfs ont pris le dessus. Je marche en direction de la voiture. Je suis dans un état lamentable, je pisse le sang mais n'en ai pas conscience. En me voyant, le conducteur de la Renault 25 devient blême. Ma mâchoire est comme déboîtée et c'est à grand-peine que je parviens à articuler : « Ça va, ça va, tout va bien, il faut que je me dépêche car je suis déjà en retard ». Il ne dit rien, sidéré. Je repars, comme si nous venions d'avoir un simple accrochage, vers mon scooter qui n'est plus qu'une épave. Je fais quelques pas, puis c'est le trou noir. Je m'écroule au milieu de la chaussée.

*

Une sirène approche, son tintamarre m'extirpe de l'inconscience. Qu'est-ce qui se passe ? Il y a eu un accident ? Ah oui, je me souviens vaguement, le choc, la voiture grise et mon pauvre Gino qui est tout cassé. Les premiers secours viennent d'arriver, je ne sais pas depuis combien de temps je gis sur le macadam dur et froid. Je ne peux pas bouger, à peine si j'arrive à soulever assez les paupières pour entrevoir la lumière clignotante du gyrophare. La douleur s'empare de mon corps, elle est partout à la fois, elle cogne dans ma tête, elle écrase ma poitrine, elle brûle dans mon ventre, elle lacère mes jambes. J'ai l'impression de tomber interminablement à l'intérieur de moi-même. Les pompiers me prennent en charge, on me soulève, on me met sur un brancard. Dans un dernier éclair de conscience je parviens à balbutier le numéro de téléphone de ma mère, que la police appellera dans la foulée. J'entends la porte de la voiture rouge claquer, des voix bientôt couvertes par la sirène hurlante puis je sombre dans le coma.

*

Pendant ce temps-là, les secouristes s'activent autour de mon corps brisé. Leur diagnostic est plus qu'alarmant : fracture ouverte de la mâchoire, dents explosées, langue coupée en deux, hémorragie interne due à une perforation du poumon, éclatement de la rate, sept côtes cassées. Je suis en morceaux. On me perfuse, on me transfuse, ma vie ne tient plus qu'à un fil et aux aiguilles qu'on m'enfonce dans les veines. Je suis transporté aux urgences de l'hôpital Ambroise-Paré où je suis admis à 1 heure et 25 minutes.

Chapitre 19

L'hôpital

À Feucherolles, c'est Yves qui décroche le téléphone. Il ne s'alarme pas tout de suite. Il pense d'abord à une blague ou à une plaisanterie de mauvais goût. Après vérification, il fonce à l'hôpital accompagné de maman. Lorsqu'ils arrivent, je suis déjà sur le billard dans le bloc opératoire, entouré d'une armée de chirurgiens qui s'affairent autour de moi. Sylvia n'ayant pas eu de mes nouvelles depuis mon départ aura la bonne idée de s'informer auprès des commissariats des alentours avant de débarquer à son tour, complètement paniquée.

*

Qui l'aurait cru, ma mère l'embrasse comme si elle faisait partie de la famille. Les jours suivants, elles viendront toutes les deux ensemble aux nouvelles. C'est quand même fou de penser qu'il aura fallu un tel événement pour que maman s'intéresse enfin à elle. Quant à André, c'est Sylvia qui lui annonce mon accident dès le lendemain et qui lui donnera de mes nouvelles régulièrement. Il veut venir me voir, mais ce n'est pas le moment. Il est encore trop tôt.

Maman le joindra quelques jours plus tard pour des problèmes d'assurance du scooter qui est au nom de sa société.

C'est Sylvia qui me racontera ça plus tard. Pour l'instant, je suis toujours dans le coma et les médecins ne se prononcent pas.

*

Après sept jours d'angoisse pour mes proches, j'en sors miraculeusement. Je me trouve dans le service de réanimation. La première sensation que j'éprouve, c'est le contact d'une main qui tient la mienne, celle d'Yves. Puis j'ouvre les paupières et je découvre les yeux de maman, ses beaux yeux bleus penchés sur moi. Ensuite, la première personne que je vois en entier, c'est Sylvia. Ses yeux sont braqués sur moi. Son visage exprime des sentiments confus, entre la joie et la détresse. Ma mère murmure : « Ludo, Ludo... ». J'ai du mal à réaliser ce qui se passe, où je suis et ce qui m'arrive. Je suis dans le cirage. C'est normal, avec les doses massives de calmants qu'on m'administre pour calmer la douleur.

*

Je sombre à nouveau dans un sommeil hypnotique. Je dors sans dormir, je vois sans voir, j'entends sans entendre. Je suis dans un ailleurs indéfinissable. Entre deux plongées, les odeurs typiques d'éther et d'alcool qui règnent dans les hôpitaux me font très vite comprendre où je me trouve.

Mes souvenirs commencent à remonter, par bribes embrumées.

J'ouvre les yeux, mais je ne peux pratiquement pas parler puisque j'ai la mâchoire fracturée. Je pleure parce que j'ai l'impression d'être paralysé.

Tant bien que mal, je marmonne une question : « Qu'est-ce que j'ai ? » Ils essaient de m'expliquer mais je retombe dans le sommeil avant d'arriver à saisir le sens des phrases. « Vous êtes sous morphine », me disent les infirmières, « si vous avez mal, appuyez sur le bouton ». Moi, j'appuie tout le temps pour éloigner la douleur qui m'assaille inlassablement. Je suis complètement shooté. Et j'ai peur, tellement peur.

Je ne sors de l'inconscience que quelques minutes d'affilée, puis à nouveau je perds pied.

Des bouts de souvenirs flottent dans l'obscurité qui m'engloutit : ma chambre à Neuilly, le visage de maman sur les photos de ma petite enfance, mon premier vélo avec des petites roues, le visage de maman à Disneyworld, les yeux de Sylvia, le visage de maman à côté de celui de ma nounou, la moquette violette du salon de Feucherolles, le visage de maman quand je suis parti de la maison, le sac trop lourd et le chemin jusqu'à la gare, le visage de maman quand nous nous sommes revus à La Lorraine.

Une noria d'images qui se superposent et se mélangent. Jusqu'à ce que je tombe encore et encore. Du fond des ténèbres qui n'en finissent pas de m'engloutir, j'appelle ma mère. Pourquoi me laisses-tu seul ? Yves, Sylvia, André, où êtes-vous ?

*

Ma première vraie pensée consciente : « Suis-je paralysé ? »

En effet, je ne sens plus mon corps qui n'a pas bougé depuis des jours et des jours. Mes jambes sont complètement engourdies, je n'arrive pas à les remuer malgré mes efforts. « Vont-elles se réveiller un jour ou suis-je condamné au fauteuil à roulettes ? » Passer le reste de ma vie cloué là-dessus ? Ne plus pouvoir marcher, courir, danser, skier, et même peut-être faire l'amour ? À vingt-deux ans ? Ah non, pas ça, pas ça. Qu'est-ce que je vais faire de ma vie ? J'aurais mieux fait d'y rester.

Physiquement, je suis pétrifié, moralement aussi. Mais le médecin me rassure :

— Ne vous inquiétez pas, monsieur, tout va bien et d'ailleurs vous avez eu de la chance de ne pas porter de casque intégral. Sans quoi, vous seriez infirme pour la vie. Avec la force du choc, vous auriez eu le coup du lapin et plus jamais vous n'auriez pu marcher !

Le cerveau encore embrumé par la morphine, je ne comprends qu'un mot sur deux. Sa voix se veut rassurante, mais j'ai du mal à le croire. Je pense qu'il n'ose pas me dire la vérité, qu'il attend que j'aille mieux pour me l'asséner.

*

Ce qui m'énerve au plus haut point, c'est de ne pas pouvoir parler. J'essaie pourtant, mais impossible d'articuler un traître mot et encore plus de prononcer la moindre phrase.

Seul un son rauque et inaudible sort de ma bouche détruite. Pour me faire comprendre, je dois écrire sur une ardoise. Elle se remplit si vite que je suis obligé de l'effacer régulièrement. Cela m'agace prodigieusement.

Même les choses les plus simples deviennent compliquées quand on ne parle pas. J'ai l'impression que ceux qui vont et viennent autour de moi ne font aucun effort pour me comprendre. Quand on a l'habitude de communiquer par la parole, ce genre d'expérience se révèle terriblement frustrante.

Je ne peux rien faire tout seul, même pas boire quand j'ai soif, à peine me gratter le nez s'il me démange. Je suis trop épuisé moralement et physiquement pour pouvoir me mettre en colère, trop amoindri pour parvenir à exprimer mes angoisses. Pendant combien de temps vais-je rester dans cet état ? Quelles séquelles garderai-je de l'accident ? Vu mon état actuel, je n'arrive pas à imaginer que je pourrai un jour, même lointain, redevenir celui que j'étais. Et pourquoi le sort a-t-il choisi de me frapper au moment où je croyais enfin accéder au bonheur ? Cette question m'obsède particulièrement. Pourquoi moi, pourquoi ça, pourquoi maintenant ? Qu'est-ce que j'ai fait pour mériter cette horreur ? Déjà que le sens de la vie m'échappait avant, le chaos qui emplit ma tête est encore pire maintenant, ce qui n'est pas peu dire...

Chapitre 20

La remontée

On me transfère dans le service de soins intensifs, j'y reste une quinzaine de jours. Je suis enfin seul dans une petite chambre. Malgré les murs blancs, l'endroit me paraît sordide. Je suis bardé de tuyaux, de perfusions et mes visites ne durent pas plus de cinq minutes, un laps de temps suffisamment court pour ne pas fatiguer les malades.

Du coup j'ai toujours l'impression d'être seul, abandonné, alors que maman, Yves et Sylvia sont à côté dans la salle d'attente, qu'ils patientent des heures, parfois la journée pour me voir quelques minutes. Mais les médicaments, l'isolement dans cette vilaine chambre et mon mal-être étirent les heures d'une façon interminable. Je suis en manque d'affection, et j'ai tellement de difficulté à parler, à ouvrir la bouche.

Pour moi, ces cinq minutes durent cinq secondes. Je ne les vois pas passer puisque c'est le temps qu'il me faut pour formuler une malheureuse phrase. Pourtant cela me rassure de les voir, de sentir leurs présences, leurs mains. Mais à chaque fois que Sylvia vient, elle est en larmes et ça m'angoisse encore plus. Maman aussi pleure et je pense vraiment que j'ai quelque chose de très grave. Mais je ne suis pas en état de comprendre ce dont il s'agit. Je suis trop défoncé par la morphine. Tantôt je plane, désincarné, inexistant, tantôt je rampe dans un univers hostile. Je vois des ombres qui rôdent, des plantes qui ondulent, des visages qui se déforment et lorsque l'on me parle, j'ai l'impression qu'un œil de cyclope s'avance vers moi. Un pur cauchemar que je ne parviens pas à distinguer de la réalité qui m'entoure.

*

Je suis même allé très loin dans la folie puisqu'un matin, à 6 heures, je crois que l'on refuse de laisser entrer mes parents et Sylvia sous prétexte que je dors. Évidemment, à cette heure-là, il n'y a pas de visite. Mais ma notion du temps est pour le moins perturbée. Je suis tellement persuadé de la véracité de mon délire que j'enlève ma perfusion et débranche tous les fils et les tuyaux qui me relient au matériel médical chargé de surveiller mes fonctions vitales, ce qui déclenche l'alarme. Je ne m'en soucie pas. Survolté par mon fantasme, je me lève pour aller chercher ceux que j'aime et qui, rien ne m'en fera démordre, attendent derrière la porte. Je réussis, par je ne sais quel miracle, à faire deux pas puis je m'effondre, inconscient. Après cet incident, le médecin prend la décision de me retirer la perfusion de morphine, qui visiblement ne me réussit pas.

*

Privé de cette drogue qui éloigne la douleur jusqu'à la rendre imperceptible, je fais connaissance avec la souffrance. La vraie, la dure qui s'accroche à vous et vous envahit jusqu'à ce que rien d'autre n'existe. Mais je retrouve des perceptions proches de la normale et au moins une partie de mes facultés. Je suis de retour dans le monde réel. À choisir entre la douleur et la morphine, même avec le recul, je ne saurais quoi conseiller. On m'administre des antalgiques en perfusion, moins efficaces que ne l'était la morphine mais qui me permettent néanmoins de tenir le coup.

*

Au bout de trois semaines, je change enfin de chambre. La nouvelle est assez grande, blanche, froide, sinistre. Heureusement il y a enfin une télé fixée au mur. Je suis paralysé de partout, je ne peux toujours pas bouger ni parler. J'ai beau me tordre la bouche dans tous les sens, aucun son compréhensible n'en sort. J'enrage. Ce qui prouve que je commence à aller mieux.

*

La douleur torture mes jambes et mes côtes. J'ai l'impression que l'on me charcute à l'aide d'un scalpel. Je n'ai aucun répit. C'est le problème des côtes cassées. Pour arrêter d'avoir mal, il faudrait cesser de respirer. Les antalgiques qu'on continue de m'administrer à haute dose n'y font pas grand-chose. Les infirmières me nourrissent à la cuillère avec de la bouillie, tel un bébé édenté.

*

Quelques jours après mon arrivée dans cette chambre, les médecins décident de commencer la rééducation. Ils m'annoncent que je dois me remettre à marcher. Je sursaute : « Vous êtes fous, vous avez vu dans quel état je suis ? » Marcher, marcher, je voudrais bien, moi, mais j'en suis incapable. Je suis paniqué à l'idée de quitter mon lit. Ça fait presque un mois que je suis cloué là. Je ne vais jamais tenir sur mes jambes, elles vont se dérober sous moi. Et puis je me vois mal faire ne serait-ce que quelques pas avec le drain que j'ai dans le poumon.

*

La première fois qu'ils m'enlèvent ce drain, je hurle de douleur. Pour eux, rien d'extraordinaire, ils ont l'habitude de cas encore plus graves. Deux infirmiers me mettent donc debout. Je suis en sueur, je vacille, je vais tomber. Ils me rattrapent. C'est horrible. Si humiliant que je ne peux m'empêcher de fondre en larmes dès que je me retrouve seul.

Le lendemain, les infirmiers reviennent pour me lever. Le premier essai de marche avorté d'hier ne les a pas convaincus de me laisser tranquille. Je suis en blouse blanche, nu dessous, les jambes si raides que je n'arrive pas à mettre un pied devant l'autre. Je voudrais bien avancer, mais quand je lance une jambe, l'autre ne suit pas. En prime, ça me fait un mal épouvantable. En dix minutes je fais bien deux mètres. Super, vraiment, quel exploit ! Il n'y a que mes bras qui n'ont rien mais je dois faire très attention à la demi-douzaine de côtes en cours de cicatrisation.

Je vais rester trois mois dans cet hôpital. Cinq médecins de spécialités différentes se relaient pour prendre soin de moi. Ne cherchez plus le responsable du trou de la Sécurité sociale, il s'appelle Ludo !

*

Heureusement, maman est très présente. Elle vient tous les jours me voir et me soutenir. Elle me répète sans cesse :

— C'est bon. Tu es tiré d'affaire. Sois courageux, je sais

que c'est difficile, mais tu es jeune, tu vas récupérer. Nous sommes là pour toi.

*

Moi, je ne réalise pas vraiment car je suis réduit à l'état d'assisté. On me nourrit, on me lave, on me porte, on me pique, on me bouge et on m'épuise, je n'en peux plus. Mais par-dessus tout, comme si ça ne suffisait pas, ce qui me fait le plus souffrir, ce sont mes dents. C'est inimaginable le nombre de terminaisons nerveuses qui truffent une mâchoire ! Tout est lié, les dents, la tête, la parole, l'ouïe, l'odorat. Alors quand vous avez mal là, vous avez très mal. Pendant trois mois, je ne peux pas laver ce qui en reste à cause des multiples fractures.

*

Ensuite, après la cicatrisation, l'un des médecins qui me soignent me porte le coup de grâce.

Voilà, m'explique-t-il, vous avez deux options : soit le dentier, – sympa quand on a vingt-deux ans –, soit les refaire une à une au prix de nombreuses souffrances annoncées. Le problème, c'est qu'ayant déjà subi une anesthésie générale très longue, il est hors de question de m'opérer à nouveau dans les mêmes conditions. Coup sur coup, une nouvelle intervention s'avérerait trop risquée, voire mortelle.

Je prends ma décision sans avoir l'impression d'avoir vraiment le choix : un peu plus tard, on m'opérera morceau par morceau. Une perspective peu réjouissante et qui éloigne encore l'horizon de la guérison.

Trois spécialistes se partageront la tâche. Le premier dévitalisera les dents avant de les extraire, le second interviendra sur les couronnes et le dernier sur les fausses dents. Tout semble clair en théorie. En pratique ce sera une autre paire de manches...

Le découragement me terrasse. Je ne pourrai jamais tout faire en même temps. Mon corps est devenu un interminable chantier. Quand cela s'arrêtera-t-il donc ?

*

Très vite, je demande à ma mère qu'elle me fasse sortir de cet univers carcéral. Pour moi, l'hôpital c'est le bagne.

« Sors-moi de là. Je n'en peux plus d'être enfermé dans cette chambre sinistre, de ne voir que des blouses blanches, je ne supporte plus cette odeur. Je veux de l'air, des arbres. Je t'en supplie, sors-moi de là ! »

Il faut dire que je prends trois tonnes de médicaments et que j'ai des trous de perfusions et de piqûres partout. À force d'avoir été assisté, me sentant comme dépossédé de moi-même, j'ai besoin de me retrouver dans un environnement normal, qui ne pue pas la maladie et la souffrance.

Elle m'embrasse et disparaît comme tous les soirs. J'ai ma dose et je m'écroule.

*

Au réveil, je la vois. Je suis content. Je grimace un sourire. Elle me dit :

— Tu sors demain et tu viens à la maison.

Ah, quel soulagement, quel bonheur ! J'explose de joie. À ce moment précis, elle devient mon messie et tous les ressentiments, les aigreurs, les incompréhensions disparaissent. J'ai retrouvé ma maman !

*

Grâce à ce maudit accident, la famille s'est enfin soudée tel un bloc. Sylvia en fait désormais partie et André ne va pas tarder à rejoindre le clan.

Et moi, je sors de ma prison médicalisée. Dehors, il y a des bourgeons aux branches, bientôt les premières petites feuilles vert tendre pointeront le bout de leur nez.

Chapitre 21

Convalescence à Feucherolles

Le jour de ma sortie, je suis très agité. On me transporte sur un brancard jusqu'à l'ambulance. C'est la première sensation de bien-être que j'éprouve depuis longtemps. Je suis si content de partir que je ne trouve pas de mots. J'ai l'impression que mes forces reviennent.

En plus, je rentre à la maison par la grande porte. Je suis tellement heureux. Ce voyage est celui de la délivrance. Ma mère est là, elle m'attend. J'essaie de me lever, je tente de sourire. J'arrive chez nous et là, dans l'entrée, il y a ce fameux miroir démesuré de mon enfance. Machinalement, je me regarde.

Le choc ! D'un coup je prends vingt ans, je suis méconnaissable. Ce n'est pas possible, cette créature décharnée, défigurée et hirsute, dites-moi que ce n'est pas moi !

*

Avant, j'étais plutôt beau gosse, sportif, environ 75 kilos, bien bâti, tonique et désirable. L'image que renvoie la glace est celle d'un Robinson fraîchement recueilli de son île déserte. J'ai les cheveux longs et effilochés, des cicatrices violacées, des joues creuses mangées de barbe, le teint gris et les yeux éteints. Mon corps n'a plus un muscle et je suis un squelette ambulant.

Mon Dieu, comment vais-je faire pour récupérer ?

Dans mon malheur j'ai quand même de la chance, car intérieurement tout fonctionne. Le cerveau marche, la mémoire est revenue. Mais physiquement, je suis loin du compte avec ma gueule de travers.

*

Ma chambre, d'ordinaire située au premier étage, a été transférée, pour des raisons évidentes de commodité, au rez-de-chaussée dans l'une des chambres d'amis. Impossible d'envisager l'ascension du grand escalier.

Cette première semaine de retrouvailles me plonge dans la déprime. Je prends conscience de l'état pitoyable dans lequel je me trouve. Tout ce qui faisait ma vie d'avant me paraît hors de portée. Comment retravailler si je ne tiens pas sur mes jambes ? Comment vivre et être aimé avec ce visage dévasté ? Tant que j'étais sur mon lit d'hôpital, Sylvia a tenu bon, mais maintenant que va-t-il se passer ? Je n'ai envie de rien, je n'arrive pas à me concentrer plus de cinq minutes sur quelque activité que ce soit. Tout ce que je veux, c'est dormir et me réveiller comme j'étais avant.

Heureusement, maman veille. Sa présence, son affection, son amour, sa disponibilité et ses paroles d'encouragement me remettent du baume au cœur. Elle me motive, elle me rassure et me réconforte.

Elle fait tout ce qu'elle peut pour j'aille mieux et que j'oublie la douleur. Mais j'ai mal partout, je me plains et je gémis. Jusqu'à ce qu'un soir je la découvre en sanglots tellement elle souffre de me voir souffrir et de ne pouvoir me soulager.

Ce spectacle provoque un déclic en moi. Je n'ai pas le

droit de lui infliger ça. Je vais me battre et je vais m'en sortir, non seulement pour moi, mais pour elle, Yves et Sylvia.

*

Dès le lendemain, armé d'une volonté de fer, je décide de reprendre ma thérapie. Je fais mes exercices de marche, de musculation générale, de gymnastique de la mâchoire. Une nouvelle énergie m'anime et je la consacre entièrement à une rééducation que je veux complète. C'est un sacré boulot que de réapprendre à faire des mouvements simples, mais très vite, j'arrive à tendre les jambes, à bouger les pieds, les bras, les mains et peu à peu à synchroniser mon corps tout entier.

Maintenant que la machine est repartie, il faut s'occuper de l'image. Je demande à maman si je peux faire venir un coiffeur, elle sourit, elle sait qu'elle a gagné la première manche, moi aussi. Il me rase à l'ancienne et me coupe les cheveux, ce n'était pas du luxe. Je retrouve enfin figure humaine.

*

Je récupère aussi ma volonté et j'ai envie de tout faire en même temps. Je me retape petit à petit, chaque jour marque un progrès sur la veille. Enfin je recommence à manger presque normalement puisque des petits pots pour bébé je passe aux steaks hachés et à la purée.

Pour les dents, j'en ai peur, il faudra attendre encore un peu. De toute façon, la cicatrisation n'est pas terminée.

*

Toutes les deux semaines et pendant près de six mois, je vais à l'hôpital pour des visites de contrôles. Les médecins sont contents, je progresse.

Depuis l'accident, à aucun moment je n'ai eu conscience d'être un miraculé, mais plutôt un maudit. Jusqu'au jour où maman et le docteur qui coordonne mon traitement me disent clairement que je suis passé à un cheveu de la mort, puis de la paralysie. La rage m'empoigne. « Ce n'est pas juste. Je n'ai pas mérité cet accident. Alors je dois vivre puisque je ne suis pas infirme. »

*

Je mets les bouchées doubles. Au programme, musculation, jogging dans le parc avec les chiens, rééducation avec le kiné.

Au bout du neuvième mois, ça y est, le plus douloureux est derrière moi. Je suis même plus en forme qu'avant. Je me suis refait une santé presque à toute épreuve. J'ai retrouvé un poids raisonnable et je fais du sport tous les jours.

Je suis tiré d'affaire, mais je ne baisse pas les bras pour autant car je ne veux pas être juste bien, je veux être au top.

*

Le seul problème persistant reste l'état de ma dentition. Mes dents sont toutes cassées et la mâchoire n'a pas encore recouvré sa mobilité optimale. Je dois attendre encore un peu pour commencer le chantier de ma réfection dentaire.

Le jour J arrive et je me dirige vers la place Victor Hugo, à Paris, où est situé le cabinet dentaire. L'immeuble est magnifique et la salle d'attente très chic pourvue d'un énorme canapé rouge dans lequel je feuillette des revues spécialisées.

Ça y est, c'est mon tour. Je m'installe en toute confiance sur le fauteuil. Le dentiste m'explique qu'il va pratiquer une anesthésie locale. Manque de chance, cette dernière ne prend pas, probablement en raison des doses massives de morphine et d'antalgiques de toutes sortes que j'ai absorbées pendant des mois. Je suis comme immunisé contre les analgésiques qu'il utilise. Au bout de la troisième piqûre inopérante, il doit se résoudre à opérer à vif.

Moi qui croyais avoir déjà vécu le pire, c'est la douleur la plus horrible que j'aie jamais ressentie de toute ma vie ! Comme si on m'enfonçait des aiguilles de feu dans les dents. La souffrance, fulgurante, déchirante, innommable, irradie ma tête jusqu'à la nuque.

Je hurle !

Et tous les jours, je dois retourner vers mon supplice.

Une fois, j'ai tellement mal que je donne un coup de poing dans le mur, de toutes mes forces, juste pour avoir mal ailleurs. Et là, seulement là, je demande au dentiste d'arrêter. Il est pourtant en pleine opération, il transpire, mais il va jusqu'au bout de son œuvre. Ces dix jours de torture, j'ai cru que c'était dix ans de ma vie. Horrible ! Rien que d'y repenser, je me sens mal. Et puis de nouveau je ne peux plus m'alimenter, à part de la nourriture pour bébé et encore, quand j'arrive à l'absorber. J'ouvre la bouche à moitié, il faut qu'on me nourrisse à la petite cuillère. Je ne supporte même plus qu'on me parle, mes oreilles bourdonnent tellement je suis bourré de cachets contre la douleur. Pendant une semaine je n'arrive pratiquement pas à fermer l'œil, je somnole quelques minutes puis la douleur, implacable, revient.

*

Plus tard, les dentistes diront à mes proches qu'ils avaient rarement vu quelqu'un qui supporte la douleur à un tel point. Ils savaient que ce qu'ils me faisaient endurer était atroce.

Aujourd'hui, on peut à nouveau m'anesthésier, mais j'ai la hantise du dentiste. Même l'idée d'un détartrage m'est insupportable. Un bruit de fraise, et je manque de me trouver mal. Après ce que j'ai subi, il y a de quoi être traumatisé à vie.

Puis cette décade épouvantable touche enfin à sa fin, je retrouve peu à peu le sommeil. La cicatrisation prend une quinzaine de jours. Je vais pouvoir à nouveau sourire.

Chapitre 22

Retour aux sources

Le bonheur dans ce malheur, c'est que désormais nous sommes soudés. Sylvia trouve sa place auprès de ma mère et je réussis à présenter « officiellement » André qui me promet un véritable contrat pour mon retour. Tout le monde s'occupe de moi et j'apprécie. C'est grâce au soutien de mon entourage que je trouve la force de récupérer aussi vite et aussi complètement. Pour couronner le tout, maman ajoute sa cerise sur le gâteau : « Allez, je n'en peux plus, tout le monde l'a bien mérité, préparez vos bagages, nous partons nous reposer au soleil des Caraïbes, destination Antigua. » Je suis estomaqué, je n'en reviens pas, Sylvia fait partie du voyage. Génial !

Le départ étant programmé dans une quinzaine de jours, je me dis qu'il serait bon de mettre ce laps de temps à profit. Je dois régler un problème qui me hante de façon récurrente depuis ma tendre enfance. Je n'ai jamais connu mon père autrement qu'en photos. Je n'ai jamais parlé avec lui. C'est un inconnu, dont je n'ai gardé aucun souvenir, un fantôme sans consistance ni réalité. Fils d'une femme dont on prétend qu'elle est un homme et d'un homme inexistant, je trouve que ça fait beaucoup.

*

Après avoir frôlé la mort et traversé une épreuve qui m'a volé un an de ma jeune vie, j'éprouve le besoin de régler le passif de mon passé. Pour repartir du bon pied dans cette existence pour laquelle je suis en train de renaître. Depuis que j'ai récupéré mes forces, je dispose de beaucoup de temps pour réfléchir.

Quoique je ne sois pas très porté sur les interrogations métaphysiques, il m'arrive de temps à autre de me demander si Dieu existe. Je n'en tire nulle certitude, juste un doute. Pourtant j'aimerais avoir la foi, cela m'aurait été d'un grand secours ces derniers mois. Mais ma plongée dans le coma ne m'a pas permis d'entrevoir de lumière blanche ni d'aller faire un tour dans l'au-delà, ainsi que le racontent un certain nombre de personnes qui elles aussi ont réchappé de la mort. Dommage.

À défaut, je crois néanmoins que notre vie n'est pas entièrement le jouet d'un destin aveugle. Peut-être existe-t-il une sorte d'être supérieur qui intervient dans notre destinée, hypothèse que je trouve difficile à écarter. Ce qui m'amène à penser que les événements qui ponctuent nos existences ne sont pas obligatoirement et uniquement l'œuvre du hasard et le produit de coïncidences. Mais tout est-il écrit à l'avance ? Je n'adhère pas totalement à cette idée, il me semble que nous conservons une part de responsabilité et de libre arbitre.

Jusqu'à présent, il est vrai, je n'ai pas eu l'impression de maîtriser grand-chose dans ce qui m'est arrivé. J'ai fait comme j'ai pu, au petit bonheur la chance et surtout à l'aveuglette. Et puis est survenue cette grande cassure, l'accident. Rien n'est de ma faute, je roulais tranquille en respectant le code de la route, et puis boum, un chauffard manque de me tuer. Pourquoi ai-je eu cet accident ? Parce que je me trouvais au mauvais endroit au mauvais moment ou parce que cette épreuve m'a été envoyée par une puissance supérieure ? Mystère et boule de gomme. Pourquoi n'y suis-je pas resté ? Parce que la voiture qui m'a percuté ne roulait pas suffisamment vite ou parce que je voulais vivre ? Les deux mon capitaine.

Quoi qu'il en soit, je suis vivant et très content de l'être. J'ai obscurément l'impression qu'une seconde chance m'a été octroyée et que maintenant il ne dépend que de moi d'en profiter. Et s'il faut absolument trouver un sens à ces douloureuses péripéties, les preuves d'amour que m'a données ma mère et l'union de mon entourage suffisent amplement à le fournir.

*

La seule ombre qui plane encore sur ma vie, c'est ce père que je ne connais pas et sur lequel je ne peux plus me résoudre à faire l'impasse.

J'ai tellement de questions à lui poser : « Pourquoi as-tu quitté maman, pourquoi nous as-tu abandonnés, pourquoi n'as-tu jamais pris de mes nouvelles ? » J'ai failli mourir et je ne veux pas passer une deuxième fois à côté de mon passé. C'est le prétexte rêvé pour le contacter. Il comprendra ma démarche et en sera sûrement touché. Cela lui donnera l'opportunité de se rapprocher de moi. Je suis persuadé que lui aussi a souffert de notre séparation et j'imagine que ce sont les circonstances de sa vie et le divorce houleux d'avec ma mère qui seuls l'ont empêché d'exercer son droit de visite. Quels qu'aient été ses démêlés conjugaux, il reste mon père et malgré les années d'éloignement il subsiste forcément une forme d'attachement, sinon d'amour, à la chair de sa chair qui se réveillera quand nous serons en présence l'un de l'autre. Et puis, maintenant que je suis adulte, ce sera plus facile.

Mon père pourra m'expliquer comment lui a vécu la situation et me donner sa version. Je ne le juge pas et je ne veux pas lui faire de reproches. J'espère une réconciliation, je rêve d'harmonie. À défaut de trouver un père, peut-être trouverai-je un ami.

*

Maman et moi, lorsque j'avais environ dix-sept ans, avions déjà évoqué le sujet. Elle m'a raconté son mariage de conte de fées, l'amour fou qu'elle lui portait. Le jour où elle lui a dit oui, elle croyait fermement que c'était pour la vie. Comme d'habitude tout était programmé dans sa tête. Elle voulait un petit garçon, qu'elle comptait appeler Ludovic, avec Ringo en deuxième prénom.

Mais rien ne s'est passé comme prévu. Maman, aveuglée par ses rêves de prince charmant, avait idéalisé et mon père et leur histoire. Malheureusement lui n'éprouvait pas la même passion à son égard. Ce mariage représentait sans doute un bon moyen de booster sa carrière, dont le démarrage devait déjà beaucoup à ma mère. Ce dont il l'a remerciée en allant voir ailleurs. Un grand classique ! Maman en a énormément souffert. C'était son premier échec, et il était double. Annie, la femme, avait été trahie ; Sheila, l'artiste, avait été bernée. Son divorce l'a terriblement affectée, au point qu'elle refuse encore d'en parler. De toute façon c'est très simple avec maman : elle n'a connu que des grands bonheurs et des grands malheurs. Entre les deux, il n'y a rien.

*

Sheila, Ringo et moi. Photos © James Andanson/Corbis Sygma

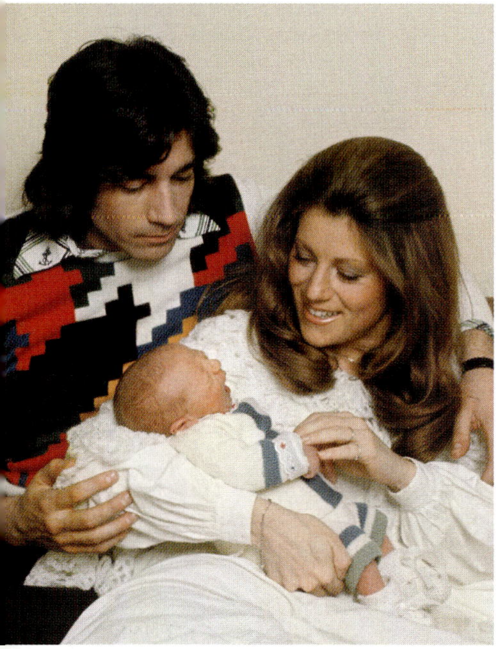

Page de gauche :
À la maternité dans les bras de ma maman.
Photos © James Andanson/Corbis Sygma

Page de droite :
Premier biberon.
Photos © Léonard de Raewy/Corbis Sygma

En haut à gauche :
Premier anniversaire…
En haut à droite :
… Premières bulles
de champagne.
Photos © James Andanson/
Corbis Sygma

En bas :
Fais dodo
mon petit Ludo…
Photos © Léonard de
Raewy/Corbis Sygma

En haut :
Photo de famille.
Photos © Léonard de Raewy/Corbis Sygma

En bas à gauche :
Je pose.

En bas à droite :
J'ai le même pull que Ringo.
Photos © James Andanson/Corbis Sygma

Ci-contre :
Photo de mariage
avec Sylvia.

Ci-dessous :
Antigua : ma résurrection.
Footing sur la plage.
Photos © Jet Set

En haut : Petit déjeuner romantique en famille.
En bas : Au marché des piments avec Sheila.

En haut à droite : De retour de plongée.
En bas à droite : Séance de pose tendresse sur la plage.

© D. Taranto/Jet Set

En haut à gauche :
Sur la plage de l'île Maurice avec Amande.

En haut à droite :
Portrait avec Amande.

En bas :
Promenade en amoureux au coucher de soleil.

© Xavier Martin/Jet Set

Portrait en
amoureux.

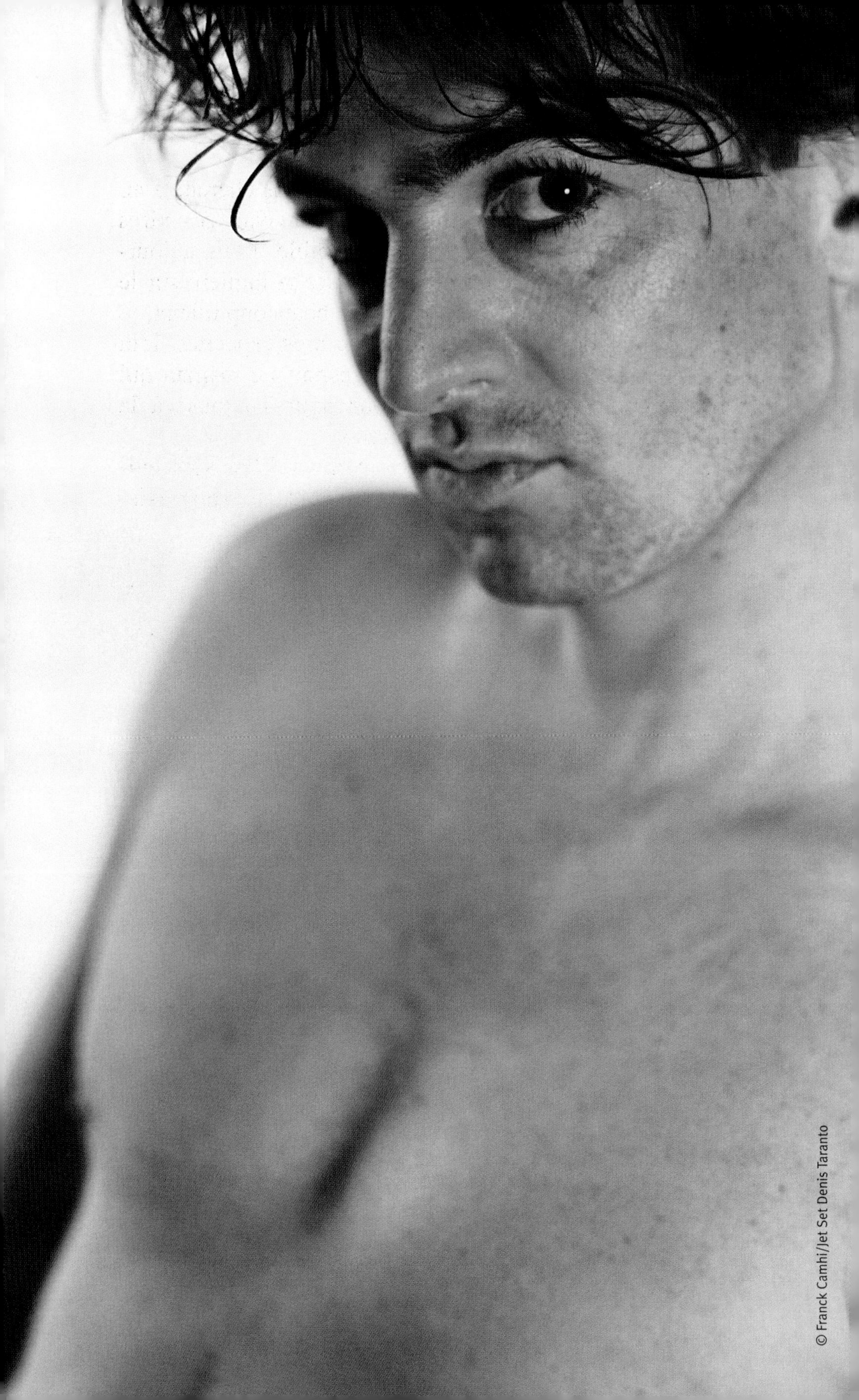

À l'époque de mes dix-sept ans, je n'ai pas cherché à en savoir plus, car cette conversation, qui ravivait ses pires souvenirs, lui était visiblement trop pénible. Mais aujourd'hui il s'agit de moi. J'ai besoin de faire la lumière sur le coauteur de mes jours. Même si je vais beaucoup mieux, je ne suis pas encore à cent pour cent de mes capacités, loin de là. Mais qu'importe, au grand désespoir de maman qui craint le pire, Sylvia et moi partons pour Toulouse à la rencontre de « mon père, cet inconnu ».

Dans l'avion, je réfléchis à mes attentes. Elles sont évidentes : j'aimerais simplement qu'il reconnaisse mon existence et qu'il me serre très fort dans ses bras.

Chapitre 23

Mon père, cet absent

Mon père ne peut être qu'au courant de mon accident vu le tapage médiatique qui s'en est suivi et depuis le temps les motifs de discorde doivent être oubliés et les rancœurs apaisées. Il n'a probablement pas osé prendre de mes nouvelles de peur de se retrouver confronté à ma mère mais je suis sûr qu'il a dû s'inquiéter pour moi. Ma visite va le rassurer sur mon état. Et il pourra ainsi constater qu'il n'a pas à craindre de reproches de ma part. Ma démarche est positive, je suis prêt à oublier tout ce qui s'est passé, ou plus exactement ce qui ne s'est pas passé, pendant vingt-trois ans. Le temps ne fait rien à l'affaire : il reste mon père !

C'est donc animé des meilleures intentions que je pars avec ma fiancée.

*

Nous roulons dans la périphérie de Toulouse. Une banlieue comme une autre, monotone, aussi grise et triste que le ciel plombé qui pèse sur la ville.

Nous arrivons dans une cité pavillonnaire qui doit dater des années 60 et qui a mal vieilli. Le crépi est usé et les petites maisons, construites en enfilade et mitoyennes, toutes pareilles. De cette uniformité sourdent une morosité contagieuse et un ennui déprimant. Même la verdure terne des jardinets ne parvient pas à y jeter une note de gaieté.

Le doute m'étreint, un sentiment de malaise m'oppresse. Mais je n'ai pas fait tout ce chemin pour tourner les talons si près du but. Courage, ne fuyons pas !

*

Nous sonnons à la grille d'une maison tout aussi fatiguée que ses voisines. Le jardinet n'est visiblement pas très entretenu, quelques brins d'herbe tentent d'y survivre sans grande conviction, un arbuste s'y étiole lentement. Deux chaises de jardin et une table finissent de se délaver dans un coin, les volets n'ont pas connu de peinture fraîche depuis longtemps et le vernis de la porte d'entrée s'écaille inexorablement.

C'est la minute de vérité, mon cœur bat à tout rompre et je serre très fort la main de Sylvia.

*

Une dame d'un certain âge nous ouvre. Elle est surprise, mais me reconnaît. C'est ma grand-mère paternelle.

Elle me lance :

— Ah ben ça alors, Ludovic ! Que fais-tu là ? Es-tu en vacances dans la région ?

— Non, je viens voir mon père.

— Il t'attend ? Tu l'as prévenu ?

— Euh non, pas vraiment...

— Eh bien entre, je vais l'appeler.

Elle nous plante au milieu d'une pièce qui doit être la salle à manger, vu la toile cirée qui recouvre la table. L'endroit est rendu encore plus rétro par les rideaux de perles multicolores en plastique accrochés aux portes.

Elle court vers l'escalier et se met à hurler à la cantonade :

— Guy ! Guy, t'as d'la visite, descends !

Puis elle se tourne vers nous :

— Il va arriver, il devait faire sa sieste.

*

Effectivement, un pas traînant se fait entendre dans l'escalier. Je respire un grand coup et j'accroche mon plus beau sourire sur mon visage. Enfin, après toutes ces années, mon père va me serrer dans ses bras ! Je me sens extrêmement ému.

Un homme apparaît, vêtu d'un mini-short cycliste et d'un marcel, des claquettes en plastique aux pieds.

Mon sourire se fissure. Je me remémore le beau gosse que j'ai vu sur les photos et qui formait avec maman le couple le plus glamour de France. Eh bien, le temps a fait son œuvre.

Il me regarde d'un air méchant. C'est clair, je tombe mal, je dérange. Il attaque direct :

— Qu'est-ce que tu fous là ? Quand je te vois, j'ai l'impression de voir ta mère ! C'est elle qui t'envoie ? Qu'est-ce que tu me veux ?

— Je viens voir mon père et lui présenter ma fiancée.

Un silence lourd pétrifie l'espace qui nous sépare.

*

Embarrassé, mon regard l'évite et erre dans la pièce jusqu'à ce qu'il rencontre de vieilles photos jaunies illustrant la défunte et éphémère gloire de mon père, découpées dans les magazines de l'époque et punaisées au-dessus de la cheminée. Il me fixe :

— Je ne suis pas chez moi ici. Je suis chez mes parents et ils font ce qu'ils veulent.

Charmant !

Il poursuit :

— Je n'ai rien à te dire. On se passe les uns des autres depuis plus de vingt ans, il n'y a pas de raison de changer.

*

Le silence est lourd, ni la grand-mère ni le grand-père n'ouvrent la bouche pour dire un mot. Seule Sylvia me murmure :

— Ça va, chéri ?

Je ne lui réponds pas, je me tourne vers le dénommé Guy :

— Bon, eh bien, je vais m'en aller, alors.

— C'est ce que tu as de mieux à faire, me lance-t-il en guise d'adieu.

Je prends Sylvia par la main et je m'enfuis le plus vite que je peux.

*

Mon premier mouvement, dès que le chaos qui embrouille mon esprit se calme un peu et que j'arrive à aligner deux pensées cohérentes, est de m'en prendre à moi. Je me suis jeté dans la gueule du loup, tout seul comme un grand. Quel imbécile il faut que je sois pour avoir espéré éveiller ne serait-ce qu'un atome de tendresse paternelle chez ce monsieur perdu de vue depuis plus de vingt ans ! Qu'est-ce que je croyais, qu'il suffirait que je débarque pour l'attendrir ? Tiens, j'ai l'air malin, avec mes bonnes intentions et ma bouche en cœur. Et dire que je lui dois la moitié de mes gènes ! Cette idée m'accable.

Je suis complètement anéanti. Il n'y a vraiment rien à sauver, je ne vois pas comment ç'aurait pu être pire. L'entretien avec l'ex-idole aura duré moins de cinq minutes. Ça ne valait vraiment pas le voyage. Puis je me dis que j'aurais peut-être dû attendre d'être complètement guéri pour venir l'affronter. Et alors, qu'est-ce que ça aurait changé ? J'avais envie de le voir, je suis venu, je l'ai vu et me voici vaincu. Par son rejet, son absence de cœur. Il est mon père biologique, c'est comme ça, je n'y peux rien, mais c'est vraiment tout ce qu'il représente à mes yeux. Je ne dois pas lui accorder plus d'importance qu'au spermatozoïde dont je suis pour moitié le produit.

*

Après cette navrante entrevue, la première personne que j'appelle, c'est Yves. Avant de partir, il m'avait dit :

— Tu vas voir, ça va bien se passer. Les liens du sang sont indestructibles.

Je lui dis alors :

— Ne me parle plus jamais de ces foutus liens du sang ! Plus jamais ! Je n'ai qu'un papa, c'est toi. Alors ne me prends plus la tête avec ces conneries. Je t'embrasse fort.

Je raccroche et je m'effondre en pleurs dans les bras de Sylvia.

*

Et puis la colère s'empare de moi. Je voulais offrir au fameux Ringo une seconde chance, j'étais prêt à lui pardonner de m'avoir ignoré. En retour, qu'ai-je récolté ? Même pas une poignée de main, encore moins une embrassade. La dernière image que j'avais de lui, c'était dans son costume de scène en velours coloré. La voilà irrémédiablement ternie...

*

Je ne peux pas me remémorer ce jour sinistre sans éprouver un énervement supplémentaire. Je suis resté figé, incapable de rétorquer quoi que ce soit à ses propos. Si la rencontre se produisait aujourd'hui, j'aurais du répondant. Je lui dirais : « Attends un peu, je viens te voir alors que je suis malade, j'ai pris l'avion et j'ai fait 700 km. Ça fait un mois que j'ai arrêté les calmants après avoir failli mourir, j'ai encore mal partout, et toi tu me demandes ce que je fais là ? Écoute-moi bien, c'est ton fils qui se trouve devant toi. Dernière chance ! Si tu ne la saisis pas aujourd'hui, c'est fini, plus jamais tu ne l'auras. »

Que me répondrait-il ? Je ne le saurai jamais.

*

Quelle claque j'ai prise ! Je ne me suis jamais senti aussi misérable.

En revanche, pour pénible que se soit avérée cette rencontre, elle produit néanmoins un effet positif. Après avoir sangloté sur l'épaule compatissante de Sylvia pendant dix bonnes minutes, la chape qui pesait sur moi depuis des années s'envole.

Pfff, plus rien ! Miraculeux ! Je me sens triste, certes, mais débarrassé, allégé. La culpabilité que j'éprouvais d'avoir été séparé de mon père s'est dissoute à tout jamais. Pour celui qui ne l'a jamais éprouvée, elle semble probablement absurde. Mais pour l'enfant qui subit ce délaissement, la faute lui en incombe. Si l'un de ses parents ne lui manifeste aucun amour, c'est, pense-t-il, parce qu'il ne le mérite pas. D'où un double fardeau. Celui qui vient de tomber de mes épaules. À la limite, c'est une bénédiction de ne pas avoir été élevé par un individu de cet acabit. De toute façon, je n'ai plus besoin de lui. J'en ai fait mon deuil.

Chapitre 24

Demande en mariage

Après cette succession d'événements catastrophiques, les vacances s'annoncent pour le mieux. Elles arrivent à point nommé. Après l'enfer, nous voici en route pour le paradis...

Nous arrivons au Saint-James Club, le nec plus ultra de l'île d'Antigua, un hôtel cinq étoiles luxe situé au cœur d'un domaine privé de plusieurs hectares. Le bâtiment central, entouré de dépendances et de bungalows particuliers, est de style colonial et date de l'époque créole.

En plus d'un golf immense, l'hôtel comporte plusieurs piscines et une salle de sport. Un régiment de serveurs en uniforme se tient prêt à exaucer le moindre de nos caprices. Tout ici est conçu pour dépayser et divertir les clients, quels que soient leurs goûts. Il y a même un casino, et une salle de billard. Tant de plaisirs à disposition que je ne sais pas si j'aurai le temps de profiter de tous. C'est quand même avant tout pour la plage de sable blanc et l'eau chaude du petit lagon couleur turquoise que nous sommes là.

Maman, Yves, Sylvia et moi formons un quatuor magnifique. Un séjour de rêve avec une famille de rêve ! C'est donc sous cette latitude idyllique, propice à l'amour et à ses serments, que Sylvia va se jeter à l'eau. Je suis loin d'imaginer ce qui va suivre.

*

Nous nous baladons sur la plage, les pieds dans l'eau, main dans la main, cheveux au vent, le soleil couchant caressant nos visages, nous sommes seuls au monde et rien ne peut nous atteindre. L'ambiance est romantique à souhait. Et là tout d'un coup, Sylvia se tourne vers moi et me dit :

— Ce serait bien qu'on se marie !

J'ai l'impression de tourner la séquence émotion d'un grand film d'amour, tellement ce paysage de carte postale tropicale semble irréel. Au début, je pense à une plaisanterie. Peu à peu, en voyant le visage grave et les beaux yeux pleins d'attente et d'espoir de Sylvia qui me fixent, je me ravise et comprends l'importance des mots prononcés. Ouh là, mais c'est que je ne suis pas prêt, moi. C'est trop tôt, c'est trop brutal. Pourtant c'est vrai, tous les ingrédients sont réunis, c'est l'endroit rêvé, mais mon esprit, lui, est encore sous le choc des derniers mois. Sur un ton désinvolte, sans trop y croire, je lui réponds :

— Pourquoi pas, mais on doit faire un mariage nickel, un très beau mariage.

Pour l'instant je veux profiter de notre séjour, ne pas le polluer par une dispute et des bouderies, alors je dis amen à tout. On avisera plus tard. Ce n'est pas le moment de gâcher les vacances.

Sylvia m'embrasse, tout sourire, et nous reprenons notre promenade. Rien n'a changé, sauf que sa main serre la mienne un peu plus fort.

*

Nous quittons Antigua direction Miami, où maman a décidé de nous octroyer une semaine supplémentaire. Pour une surprise, c'est une divine surprise ! Nous arrivons en pleine période de soldes et nous nous en donnons à cœur joie dans les centres commerciaux de la périphérie de Miami, que nous dévalisons littéralement. J'ai l'impression de retomber en enfance et d'en retrouver les plus merveilleux moments. Pourquoi est-ce que maman n'est pas tout le temps comme ça ?

*

Une fois rentrés à Paris, Sylvia qui ne démord pas de son idée de mariage, commence à en parler à ses parents. Mais pour moi rien ne presse. Je continue ma rééducation, chaque jour je récupère un peu plus. Nous sommes bien dans notre studio. La vie reprend son cours tranquillement. Je recommence à travailler, à mi-temps au début. Il est hors de question de gaspiller mes forces recouvrées depuis peu. Les week-ends, nous les passons en famille avec maman, Yves, et les chiens à Feucherolles. Sylvia s'entend à merveille avec ma mère. Tout baigne.

*

Arrive Noël. Nous le fêtons tous ensemble à Louveciennes dans la propriété de mes grands-parents. Le dîner de réveillon me semble le moment idéal pour faire ma demande officielle en mariage. Ma décision est réfléchie, je l'ai longuement mûrie. Ma Sylvia et moi nous sommes tellement bien ensemble, tellement soudés, que si ce mariage peut faire son bonheur, je veux le lui offrir. Tout doit être fait dans les règles de l'art. Quelques jours plus tôt, j'ai acheté une superbe bague de fiançailles ornée d'un diamant. Personne n'est au courant de mes intentions, car je tiens à ce que la surprise soit totale.

La bûche vient d'arriver sur la table. Les larmes aux

yeux, je m'agenouille devant Sylvia. La gorge nouée par l'émotion, j'ai du mal à parler.

— Je voudrais te demander quelque chose...

Les visages des convives se tournent vers moi. Je ne trouve plus mes mots, j'ouvre la bouche, mais rien ne sort. Rouge comme une écrevisse cuite à point, j'étouffe. D'une voix chevrotante alors que je voulais l'instant solennel, je parviens enfin à proférer :

— Sylvia, veux-tu m'épouser ?

Un grand silence interloqué tombe sur la tablée, on n'entend même plus un cliquetis de fourchette. Je suis mal à l'aise et, ne sachant plus quoi faire, je dégaine la bague. Sylvia ouvre l'écrin et éclate en sanglots. La scène est on ne peut plus émouvante : maman, mamie, papi et même Yves, tout le monde y va de sa larme. Ouf ! Mission accomplie.

*

Sur le moment, je ne réalise pas l'importance de mon acte, mais je sais que j'ai fait l'unanimité. Et puis voilà plus de cinq ans que nous vivons l'un pour l'autre. Officialiser notre amour, comme on dit, n'est-ce pas la concrétisation de nos attentes ?

Ai-je tort ou raison de vouloir me mettre la corde au cou si jeune ? Ne suis-je pas en train de brûler les étapes ? Après tout, chose faite n'est plus à faire et puis l'approbation et le bonheur visibles de mes grands-parents dissipent mes doutes. Enfin, pour l'instant...

Quelques jours après Noël, j'annonce la nouvelle aux parents de Sylvia. Ils sont évidemment fous de joie, mais pour eux c'est normal, c'est l'aboutissement logique de notre amour.

Chapitre 25

La poudre aux yeux

L'année suivante se déroulera sans encombre ni surprise. Le train-train quotidien et son ronronnement rassurant. Une paisible douceur de vivre s'installe. Nous sortons soit ensemble, soit chacun de notre côté avec nos amis respectifs. La confiance règne, on se dit tout.

*

Un de ces fameux soirs de sortie séparée, je dîne dans le quartier des Champs-Élysées, avec mes deux copains les plus proches – qui sont restés des amis depuis. L'humeur est festive et les discussions filent bon train pendant que nous vidons une deuxième bouteille de champagne.

Nous commençons à être bien partis quand l'un deux lance :

— Qui a déjà touché à la poudre ?

Surpris, je lui demande :

— C'est quoi ça ?

Il me répond discrètement à l'oreille :

— De la cocaïne, tu veux essayer ?

Je regarde mon autre copain et à l'unisson nous disons :

— Allez, banco, on se paye un gramme, histoire de ne pas mourir idiots !

*

La discussion repart sur ce nouveau sujet. On le sait tous les trois, la coke circule dans un certain milieu parisien. Rien à voir avec l'héroïne, ses junkies écroulés aux bras bleuis par les injections, qui finissent par mourir d'overdose ou par attraper le sida à force de partager la même seringue. Non, la coke, c'est la drogue des stars et des jeunes cadres dynamiques, qui leur donne l'illusion de booster leur créativité ou de leur permettre de tenir jusqu'au bout de la nuit. Pas besoin de se piquer, un petit coup dans les narines et en route. Et ce n'est pas en y goûtant une fois qu'on risque l'addiction, pensons-nous. En réalité, tout cela n'est qu'un dangereux mirage comme je le comprendrai plus tard.

Nous voulons passer une bonne soirée et tout ce qui peut l'égayer est bienvenu. Je n'y vois aucun mal, seulement une expérience et puis à vingt-trois ans, je m'estime assez adulte pour compléter mon apprentissage de la vie et goûter à cette drogue sans y sombrer. Après tout, à l'hôpital les médecins m'ont shooté à la morphine pendant des semaines et je ne suis pas devenu accro pour autant.

*

Mon ami appelle son dealer. Dans la demi-heure qui suit, ce dernier arrive au restaurant et lui glisse un sachet sous la table, en échange de 500 ou 600 francs. Livraison express, mieux que les pizzas !

Dans le restaurant, l'ambiance est chaude, tout le monde chante sur des tubes disco des années 80. Nous avons asséché une troisième bouteille de champagne et nous baignons dans l'euphorie.

C'est le moment d'attaquer.

*

Pour deux d'entre nous, il s'agit d'une initiation. Nous partons aux toilettes, notre gramme en main. Le sachet est tout petit, mais le volume me paraît démesuré par rapport à sa légèreté. J'ai l'impression d'être dans une séquence du film *Scarface*, dans le rôle d'Al Pacino. La seule différence, c'est que lui se la jouait avec des kilos de poudre alors que nous, nous n'avons qu'un minuscule sachet plastique contenant la mystérieuse denrée. Mais pour moi, ce gramme est énorme ! Je me surprends à trembler. Allons, Ludo, ce n'est qu'un peu de neige, pense à Al...

*

Le dealer a brûlé la base du sachet pour qu'il ne se vide pas. Nous sommes devant la porte. Je n'y vais pas le premier et j'attends fébrilement mon tour, assez excité à la perspective de découvrir de nouvelles sensations. Je suis en seconde position. J'ouvre la porte, j'allume la lumière. J'ai vu assez souvent la scène au cinéma pour savoir comment m'y prendre, merci Hollywood.

Pendant au moins dix minutes, j'hésite et je n'arrive pas à me décider. Je me demande quel effet ça va me faire, est-ce que ça ne va pas me brûler les narines ? Eh bien, Ludo, tu ne vas pas me dire que ce sont quelques milligrammes de poudre qui te font peur ? À cette pensée, j'explose de rire à en pleurer. Vu la quantité d'alcool que j'ai ingurgitée tout au long de la soirée, je suis déjà gris foncé mais pas encore noir. C'est-à-dire conscient mais pas lucide. Allez, Ludo, voyons voir si ce truc est tel qu'on le dit !

*

Une fois la drogue ingérée, je tire la chasse, je nettoie tout et je redescends dans la salle du restaurant, que je traverse en riant aux éclats. Tout le monde me regarde comme si j'étais dingue. Puis je me calme et pendant un quart d'heure, rien à signaler, aucun effet, aucune sensation. Je suis déçu, c'est de la daube, cette dope. Tiens, j'aurais sniffé du sucre glace, ça serait pareil. Puisque c'est comme ça, je me ressers un verre que je descends tranquillement.

*

Subitement une terrible montée d'adrénaline emballe mon cœur et me fait monter le sang au visage. Je dois être en train de virer au violet. J'ai l'impression que la température a soudainement grimpé à 100 °. Une sorte d'électricité déferle le long de mes nerfs ! Il y a encore quelques minutes, j'étais saoul, à la limite de la migraine et de la nausée. Boum, bam, boum, bam... J'entends les battements de mon cœur qui s'accélèrent.

Ni une ni deux, il nous reste suffisamment de coke pour nous balancer chacun une dernière petite ligne. Mais il est déjà 4 heures du mat', la soirée se termine. Chacun rentre chez soi. Impossible de dormir. Pas grave, je regarde la télé. Je me décide à prendre un Temesta® pour pouvoir m'endormir. Je me réveille quatre heures après.

*

J'appelle mes copains, ça va. Parfait ! Nous n'évoquerons plus jamais cette soirée et décidons tacitement d'arrêter là les frais. Il faut rester dans la vraie vie et ne pas oublier que se droguer, c'est se détruire.

*

Maintenant que je connais les effets de la cocaïne, ma curiosité est satisfaite et réitérer ne présenterait pas d'intérêt. Je ne vois donc pas de raison d'en parler à Sylvia. Elle a d'autres préoccupations en tête et c'est tant mieux. Affaire classée !

Chapitre 26

Dernière ligne droite avant l'autel

Quelques mois passent, la date du mariage se précise, il aura lieu fin juin. Autrement dit, il est temps de s'occuper des préparatifs.

Jusque-là, je n'avais pas vraiment pris conscience de l'imminence et de l'inéluctabilité de l'événement. Cependant le choix de la date me remet d'un coup les idées en place. Je commence à réaliser ce à quoi je me suis engagé. Aucun doute, je suis vraiment amoureux de Sylvia, mais est-ce que pour lui faire plaisir je ne me suis pas un peu laissé forcer la main ? La demande en mariage, c'était un joli moment dont je me souviens avec émotion. Mais le mariage lui-même, c'est un acte dont je n'ai pas vraiment mesuré l'importance. J'ai tellement peur de tout perdre, son amour indéfectible, celui de ses parents et des miens que je me suis senti obligé d'accéder à son désir, sans prendre en compte le mien ni réfléchir aux conséquences.

*

Quoi qu'il en soit, ce qui est fait est fait. Je me persuade donc que j'ai fait le bon choix, que je l'aime et que je veux faire ma vie avec elle. Mes grands-parents qui m'ont élevé sont fatigués, papi a eu plusieurs attaques et mamie a du mal à suivre les allers et retours de son mari à l'hôpital. Quant à maman, le poids de ses parents qui vieillissent lui pèse de plus en plus, elle a besoin d'un rayon de soleil et je veux le lui offrir. Mon mariage redonnera espoir et joie de vivre à ma famille, ce n'est pas le moment de les priver de cette perspective.

Voilà comment je m'efforce d'envisager mes noces qui approchent au grand galop. Mais un malaise sournois s'insinue en moi, et plus je le repousse et le nie, plus il prospère.

*

L'angoisse me tombe franchement dessus lors d'un déjeuner familial à Feucherolles. J'explique à maman et à Yves mon beau-père que je vais avoir besoin d'eux pour le mariage. Première réaction bizarre, celle de ma mère :

— Tu vas te marier, tu vas donc préparer tes noces comme un grand !

Je tombe des nues :

— Mais je ne peux pas faire ça tout seul !

Yves, comme à son habitude, reste prudemment en dehors de la discussion et cela me blesse.

Quand je me tourne vers lui pour tenter d'obtenir un peu de soutien, il se contente d'abonder dans le sens de ma mère :

— C'est ton mariage, c'est normal que tu t'en occupes. Et puis je ne suis qu'une pièce rapportée dans ta vie, alors je ne suis même pas sûr de venir !

Cette dernière phrase me fait particulièrement mal car je le considère comme mon père. Du coup, je me retrouve seul à porter ce qui va vite devenir un fardeau. Annie n'a pas l'intention de s'occuper de grand-chose comme d'habitude, mais Sheila sera présente pour les photos. Trop gentille !

*

L'heureux événement, simple en soi, est en train de virer à la galère. Une fois de plus, je me sens plonger dans le chaos, plus seul que jamais. Pour moi qui me croyais tiré d'affaire, enfin réconcilié avec maman, ma famille unie autour de moi, la chute est brutale. L'attitude de ma mère surtout m'échappe totalement. Depuis mon accident, elle s'est montrée géniale, et puis tout d'un coup elle me lâche. Ça, ça dépasse mon entendement ! Il faut que je sois à l'agonie pour avoir droit à son attention ou quoi ? Je comprends d'autant moins que ce mariage semblait la réjouir. Si encore elle le désapprouvait ce serait cohérent, mais ce n'est pas le cas. Alors pourquoi se comporte-t-elle ainsi ? Je suis incapable de me l'expliquer. Mais je me sens floué.

Tout va se compliquer au fur et à mesure que la date fatidique approche. Je veux que ce soit le plus beau jour de ma vie et surtout de celle de Sylvia. Mais comment faire ? Élevé dans un cocon comme je l'ai été, rien ne me désarme plus que les contingences matérielles. On ne m'a pas donné le mode d'emploi de la vie à l'extérieur, on ne m'a pas non plus insufflé la confiance en moi-même qui me permettrait d'affronter ce que je ne connais pas sans trembler. Résultat, j'ai tendance à me noyer dans un verre d'eau.

Ce qui renforce mon impression d'isolement, c'est que je ne peux pas partager mes craintes avec Sylvia. Elle croirait que je la rejette. Quant à mes copains, dont aucun n'est encore passé devant monsieur le maire, ils n'y voient qu'une occasion de faire une méga-fête. Pour moi, ça tourne au cauchemar. Je n'ai plus aucune envie de me marier mais je ne peux plus faire demi-tour.

Je ne dis rien, j'encaisse et je pleure un bon coup. Je n'ai qu'une solution, m'y coller et réussir.

Chapitre 27

Deux enterrements...

Grâce à mon carnet d'adresses, je connais pleins de gens. C'est le moment de les utiliser à bon escient.

Yvan, le restaurateur, me branche avec un traiteur puis un sommelier qui lui-même me connecte avec les champagnes Deutz, qui acceptent de parrainer la noce. Maman connaît quelques endroits, des châteaux spécialisés dans ce genre de réception, dont elle consent à me donner les noms et les coordonnées. Ensuite, il me faut un photographe pour couvrir l'événement. Une idée germe alors : étant un « fils de », je vais utiliser mon image médiatique pour couvrir une partie des frais des festivités.

Immédiatement je pense à l'agence de presse Jet Set, spécialisée dans le people. Je contacte donc Denis Taranto, le directeur, que je connais depuis plus de dix ans – il s'occupait déjà à l'époque de l'image de maman. À Antigua, je lui avais promis qu'il aurait l'exclusivité de mon mariage. Denis a les connexions pour vendre le sujet aux magazines haut de gamme, à l'exclusion de la presse dite « à scandale ». Avec lui, je suis tranquille. Financièrement, je me sens déjà mieux.

*

Arrive l'enterrement de ma vie de garçon. Nous sommes à un mois du mariage. Mes amis ont organisé une fête dans le restaurant d'Yvan. Ils m'offrent une strip-teaseuse, et pour l'occasion je suis déguisé en Austin Power. Pourquoi ? Pourquoi pas...

Le champagne coule à flots, je trinque avec tout le monde et j'enchaîne gaiement les verres. Quand on aime, on ne compte pas, c'est bien connu, et moi j'adore le champagne. À force, les bulles me montent à la tête et je grimpe sur une table. La strip-teaseuse m'ayant également chauffé les sangs en venant se frotter à moi, je l'imite, sous les cris d'encouragement et les applaudissements de mes copains, et procède à un déshabillage dans les règles de l'art, jusqu'à tomber le caleçon. Il en faudrait plus pour me gêner, surtout dans mon état d'ébriété avancée. Intégralement nu, je me lance dans un numéro de danse d'une lascivité effrénée, d'après ce qu'on me racontera plus tard.

Pour l'instant, je ne suis plus conscient de grand-chose, sauf que je suis le centre de l'attention générale et en particulier de celle d'une fille très mignonne. Je ne la connais pas mais dans l'état où je suis, elle fera l'affaire pour ce soir. Elle s'appelle Nathalie et nous faisons « connaissance » dans les toilettes du restaurant. Toujours beurré comme un petit Lu mais ravi de ma soirée, le cœur léger, mes copains me ramènent chez moi à 7 heures du matin.

*

Un sacré cadeau pour Sylvia puisque mon premier geste, dès la porte de l'appartement refermée, consiste à me précipiter aux toilettes pour y vomir, avant de m'écrouler comme une masse. Autre dommage collatéral de ma cuite : je ronfle comme un Airbus en bout de piste jusqu'à 2 heures de l'après-midi et je me réveille la bouche pâteuse, l'haleine fétide, une casquette de plomb solidement vissée sur la tête. Bref, une gueule de bois en chêne massif. Que je ne regrette pas une seconde, malgré la migraine qui m'étreint les tempes. C'est ça, la vraie fiesta : ne pas penser au lendemain et y aller à fond.

*

Pour ma future femme, l'enterrement de vie de jeune fille se déroule de façon tout aussi mouvementée, mais en version courte puisque à 3 heures du matin elle me téléphone pour que j'aille la chercher au Barrio Latino, près de la Bastille. Je la récupère dans un état d'euphorie très alcoolisée et comme moi elle a eu droit à un strip-tease.

Exécuté, me raconte-t-elle les yeux brillants d'excitation, par un superbe gogo-boy body-buildé. Je ne pense pas qu'elle ait eu une aventure avec lui ou un autre, mais en tout cas elle semble avoir fait une sacrée fête.

*

Quatre jours avant le mariage, Sylvia passe au Bon Marché récupérer sa robe de créateur avec sa mère. Pendant ce temps, moi je fonce chez Dolce & Gabbana, rue de Rivoli, prendre mon costume bleu marine sur mesure. Quant à ma mère, elle sera en Galliano.

Yves, pendant que tout s'agite autour de lui, bougonne. Il me dit qu'il n'a pas envie de venir car il ne se sent pas désiré. Il attend la dernière minute avant de consentir à enfiler le costume Kenzo que nous avons été choisir ensemble et que maman a dû aller lui chercher sans qu'il procède au moindre essayage. Pourquoi rechigne-t-il ainsi, alors qu'il compte vraiment pour moi et que j'espérais l'avoir à mes côtés, tel le père dont il est seul à avoir bien voulu endosser le rôle pendant des années ? Pourquoi cale-t-il maintenant ? Je n'en ai aucune idée.

Pour ma mère, ce n'est pas facile non plus. Elle s'agite nerveusement, son entrain me paraît factice. Mon mariage lui remémore le sien, elle projette une rancœur ni éteinte ni réglée sur moi. En plus, elle doit s'occuper de sa grand-mère de cent trois ans, de ses parents, de ses robes, de ses coiffures, de son apparence, elle veut être radieuse pour son fils.

*

Et voilà que dix jours avant la cérémonie, le menu du banquet est publié dans un torchon. Trop tard pour réagir et modifier quoi que ce soit. D'ici à ce qu'ils viennent nous casser l'exclusivité du mariage et donc son financement, il n'y a qu'un pas. J'angoisse. J'ai une pression énorme sur les épaules, je me sens responsable de tout, et surtout de ce qui cloche. Il va falloir prévoir un service d'ordre musclé pour éviter tout dérapage.

J'en viens même à me demander : « Mais qu'est-ce que je suis en train de faire ? Pourquoi je me marie ? Ne suis-je pas sur le point de bousiller ma vie ? » En accédant au désir de Sylvia, j'ai enclenché une machine infernale qui échappe totalement à mon contrôle. Même la présence de ma fiancée, que j'adore pourtant, devient un calvaire. C'est dire l'état d'esprit dans lequel je me trouve.

Chapitre 28

...et un mariage

La veille du mariage, je suis stressé comme jamais. Je dors chez mes parents, Sylvia chez les siens, ainsi que le veut la tradition.

Nous arrivons à l'hôtel de ville de Louveciennes. Le spectacle est impressionnant : la police bloque la circulation au bénéfice de notre cortège, une foule de badauds s'est massée le long de la rue qui mène à la mairie pour le voir passer. L'anxiété me tord l'estomac et je sens une sueur glacée plaquer ma chemise dans mon dos.

Du début à la fin, je traverse ce mariage comme égaré dans une pantomime cauchemardesque et grotesque. Pourtant, Sylvia en robe de mariée est resplendissante de beauté. Elle est aux anges, moi au trente-sixième dessous. Nous ne vivons pas la même histoire, alors que nous sommes en train de nous unir...

Dans la salle des mariages, nos deux familles sont réunies, ainsi que nos amis les plus proches. Le maire en tenue d'apparat, le torse barré par l'écharpe tricolore, s'est cru obligé de truffer son discours de phrases du genre : « Donne-moi ta main et prends la mienne ». Une allusion vaseuse à la chanson de maman *L'école est finie*, qui laisse l'assistance de marbre. Il en faudrait plus pour endiguer sa logorrhée ! L'édile poursuit : « Maintenant, l'heure est venue de prendre une grande décision... », et nous inflige un speech interminable où il s'érige en gourou du mariage prêchant la bonne parole à ses adeptes. Je n'en peux plus, que quelqu'un le fasse taire ! Je sors excédé de la mairie.

Ensuite, direction l'église dans la foulée. Nous faisons le chemin dans une Rolls Royce enrubannée et prétendument prêtée pour l'occasion grâce à de bons amis d'Yves. Quinze jours après, je recevrai la facture de ce « cadeau » empoisonné dont je n'avais nul besoin. Merci !

*

Aujourd'hui je serais bien incapable de décrire cette église, je n'en garde pas la moindre image en mémoire. En revanche le curé m'a laissé un souvenir impérissable. Je ne sais pas à quoi il a carburé avant la cérémonie, mais ça doit être du brutal, car il part en vrille dans un délire cosmique. Il nous parle d'abeilles, d'auto-pilote, du temps des mutations... La quatrième dimension comme si vous y étiez. Psychédélique ! Je ramène tout le monde à la réalité lors de mon discours car mon témoin pris par l'émotion ne trouve plus ses mots. Je fais pleurer l'assemblée. Maman, André, les grands-parents, les quarante neveux et nièces de Sylvia, le ban et l'arrière-ban, tout le monde écrase une larme.

Au moment où je prononce le « oui » rituel, je ne l'entends pas à cause de la petite voix qui hurle non à l'intérieur de ma tête... Je me retrouve hébété sur le perron de l'église, sous une pluie de riz et les éclairs des flashes. L'office est terminé et je ne réalise toujours pas que je suis marié.

Ce n'est pas une question d'amour. Je ne doute pas de mes sentiments pour Sylvia. Je l'aime. Mais là, je me sens mal.

*

Avant de me marier, je voulais un enfant avec Sylvia, mais pas elle. J'aurais peut-être dû passer un accord : oui au mariage, si bébé il y a. Elle, elle a tout ce qu'elle voulait et moi je n'ai rien de ce que je souhaitais. J'ai l'impression de m'être fait berner.

Voilà, c'est fait : j'ai vingt-cinq ans et la corde au cou.

Entre le moment où je quitte la maison de Feucherolles, ma rencontre avec Sylvia et mon accident, à mes yeux tout est allé trop vite. Je n'ai pas eu le temps de vivre mon adolescence. Je suis passé brutalement du stade d'oisillon tombé du nid à l'article de la mort, puis au mariage. J'ai le sentiment – sans doute injuste – qu'on m'a volé ma décision. Qu'on m'a volé l'avenir que j'avais à peine commencé à ébaucher. C'est ma vie et pourtant ce n'est pas moi qui suis aux commandes.

Personne ne semble se demander si je suis vraiment content ; comme je ne dis rien, on tient mon bonheur pour acquis.

Je me marie, la fête bat son plein. On me félicite, on m'embrasse, je souris machinalement. En vérité je suis là sans y être. Je n'éprouve aucun plaisir, je fais semblant. Mais au fond de moi je me sens abattu parce que j'ai pris une décision qui va contre mon gré.

*

Dans la chambre nuptiale, Sylvia sommeille paisiblement. Moi, allongé les yeux ouverts, trop énervé pour m'endormir, je cogite ferme.

Ce qui devait être le plus beau jour de ma vie – quelle foutaise ! – s'achève dans l'amertume.

Le seul point positif de tout cela, c'est le bonheur de mes grands-parents. Ils sont fiers de leur petit-fils et heureux d'avoir assisté à l'événement. Il n'y a qu'à travers leurs yeux que j'ai pu voir ce mariage comme une réussite.

Pour le reste, j'aurais signé une procuration, c'eût été la même chose. J'ai fait de la figuration à mon mariage, rien de plus.

Enfin, le principal c'est que ce soit fini. De toute façon, ça ne peut qu'aller mieux demain.

Chapitre 29

Lune de fiel

De retour à Paris, rien ne s'arrange, au contraire. Les jours qui suivent le mariage, je déprime. Sylvia, sainte Sylvia comme je la surnomme maintenant dans mon for intérieur, devient la personne à éviter. Un comble ! Je commence à ressortir. J'essaie de bouger, de m'aérer la tête en compagnie de mes copains. Sylvia fait de même de son côté. Notre duo est déjà en crise. Nous étions pourtant tellement soudés, tellement proches. Aux yeux de nos amis qui enviaient notre entente sans nuage, nous formions un couple modèle. Et à peine sommes-nous mariés que tout fout le camp. La belle image se craquelle et l'eau de rose tourne en eau de boudin.

Soudainement, je ne reconnais plus la femme qui partage mes nuits depuis sept ans. Qu'est-ce qui se cache derrière ce visage dont je ne parviens plus à déchiffrer les expressions ? Le changement est subtil, indéfinissable.

*

Mon regard sur Sylvia a, en fait changé. Je lui en veux, alors que c'est moi qui n'ai pas été capable de dire non à ce mariage. Je le sais maintenant, je me suis montré injuste.

Mais à ce moment-là, le sentiment d'avoir été manipulé me plonge dans une souffrance qui annihile mes facultés de jugement.

*

Quoi qu'il en soit, une chose est sûre : ce mariage a tué notre amour. Ou plutôt le mien. Je n'ai plus envie de rentrer chez moi, de la voir, de l'entendre, de la sentir à mes côtés. Un facteur contribue à envenimer la situation : l'entente au lit n'est pas au rendez-vous.

Pourtant Sylvia est une véritable « bomba latina », dont le sex-appeal transparaît par tous les pores de sa peau mate et satinée. C'en est impressionnant. Lorsque nous sortons ensemble, tous les hommes, de dix-sept à soixante-dix-sept ans, bavent sur son passage. Un fantasme vivant, aussi appétissant que J-Lo et Salma Hayek réunies. Mais, évidemment, au bout de sept ans, entre nous ce n'est plus vraiment ça.

Ce manque a trois conséquences fâcheuses. La première, c'est que nous ne pouvons pas nous réconcilier sur l'oreiller. La deuxième, c'est qu'elle ne me tient pas par là. La troisième, c'est que je me sens castré de ce qui est un plus avec les autres.

Ma liaison avec André ne satisfait que l'un des penchants de ma sexualité double. J'aime toujours autant faire l'amour avec une femme et j'ai besoin de lui donner du plaisir pour me sentir pleinement un homme. Mais là, je me dis que je n'y trouve vraiment plus mon compte, dans aucun domaine. Et à vingt-cinq ans, il est un peu tôt pour faire une croix là-dessus...

Chapitre 30

Nathalie

J'ai alors la mauvaise idée de recontacter Nathalie, la jolie blonde qui avait servi de cerise sur le gâteau à l'enterrement de ma vie de garçon. Je l'appelle donc :

— Bonjour, c'est Ludo, tu te souviens de moi ? J'ai très très envie de te revoir...

Elle est surprise :

— Mais tu n'es pas marié ?

— Si, si, mais j'ai absolument besoin de te voir, je t'expliquerai, à tout de suite.

On se retrouve peu de temps après, on boit un verre et ça ne traîne pas, une heure plus tard je suis dans son lit. Vers 20 heures, je rentre chez moi, comme si de rien n'était. J'en rajoute même un peu. Mais je retrouve Nathalie tous les soirs pour des cinq à sept torrides.

*

Les semaines s'enchaînent. Je fais comme si tout allait bien. À la maison, aucune question, nous vivons dans le non-dit. Sylvia se transforme en parfaite bobonne, ce qui m'énerve au plus haut point. Elle est aveugle ou elle joue l'autruche ? Toujours est-il que je prends sur moi pour avoir la paix et puis après tout je m'en fous. Dans ma tête c'est clair, la relation avec Nathalie est purement sexuelle. On s'éclate au lit, ça durera ce que ça durera. C'est une commodité et c'est tout ce qui compte pour l'instant. En attendant que mon couple se ressoude, elle est disponible et c'est la maîtresse idéale.

Effectivement, la passade ne dure que deux mois, au cours desquels je m'abstiens soigneusement de faire la moindre promesse ou le plus infime projet. Je décide d'arrêter net cette liaison car le plaisir superficiel que j'en tire ne m'apporte pas grand-chose et m'éloigne davantage de Sylvia que j'ai tellement idolâtrée. Et puis j'en ai ras le bol de vivre comme ça. Je ne me reconnais plus, je ne veux plus mentir.

*

Je décide donc de reprendre les choses en main. Il faut que j'assume, après tout, si je ne voulais pas me marier, je n'avais qu'à dire non. Après avoir rompu avec Nathalie, je dis à Sylvia en rentrant : « Allez chérie, fais-toi belle, je t'emmène dîner ! » Sylvia est un peu surprise, mais dans son regard je retrouve cette étincelle qui m'a fait craquer.

*

Elle me sourit tendrement comme elle sait si bien le faire et nous voilà repartis comme aux beaux jours. Nous passons une année super. Enfin, un gros semestre, sept mois top. Nous rencontrons de nouveaux amis et nous sortons tous les soirs, nous sommes très proches. Mon boulot chez André se passe bien, les parents sont cool, les vacances sympas, et j'ai l'impression d'être rentré dans le rang.

*

Premier anniversaire de mariage. En apparence tout est nickel. Nous partons en week-end sur la Côte avec un autre couple que nous voyons beaucoup à cette époque. Une escapade royale au Martinez à Cannes. Sylvia est sereine, au mieux de sa forme. Je commence à m'habituer à cette idée de mariage, après un an il serait temps ! C'est important pour nous, pour nos familles, voilà ce que je me répète tous les jours pour tenter de dissiper la sensation d'amertume qui persiste au fond de moi.

Je compense en essayant d'être le « petit mari » modèle. Restaurants, cadeaux, sorties, je me donne un mal fou pour recoller les morceaux. Mais au fil des mois, je me rends compte que quelque chose est cassé entre nous, ce ne sera plus jamais pareil. La confiance qui permet à la fois l'élan et l'abandon s'est envolée...

*

Aujourd'hui encore, je n'en finis pas de me poser des questions sur cette période de ma vie et ma conduite d'alors. Et si j'avais parlé, si j'avais exprimé à Sylvia mes craintes, mes doutes et mes réticences, est-ce que ça aurait changé quelque chose ? De toute façon, ce que je ressentais était trop confus à l'époque pour que je sois capable de l'énoncer assez clairement pour me faire comprendre.

Je crois que ce que je n'ai fondamentalement pas supporté, c'était à nouveau de me faire déposséder de la maîtrise de ma vie par une femme. Après ma mère, Sylvia. Parce que j'avais peur qu'elle m'abandonne comme Sheila l'avait si souvent fait, je n'ai pas écouté mon désir à moi. Tant que Sylvia est demeurée ma petite amie, ma fiancée, je n'ai projeté sur elle que l'image d'Annie et tout s'est bien passé. À la minute où j'ai eu le sentiment d'être acculé, réduit à l'impuissance, j'ai replongé la tête la première dans la colère et la souffrance de mon enfance.

Je ne vois pas comment, avec la meilleure volonté du monde, Sylvia aurait pu comprendre qu'elle venait d'actionner un engrenage destructeur en prononçant cette simple phrase : « Et si on se mariait ? » Ni comment moi, aveuglé comme je l'étais par le chaos qui avait repris possession de mon esprit, j'aurais pu l'enrayer...

Chapitre 31

Ma vie bascule

Et un jour, alors que je suis au magasin, tout bascule à nouveau. Il est 13 h 30, je reviens de déjeuner. Mon portable sonne, j'entends la voix d'une dame d'un certain âge :

— Vous êtes Ludovic ?

— Oui, lui-même.

— Je suis la mère de Nathalie.

— Ah ! Désolé, madame ce doit être une erreur, car je ne connais pas de Nathalie.

— Bien sûr que si, jeune homme, puisque je suis sa maman.

Je ne comprends pas ce que cette dame me veut et encore moins pourquoi elle m'appelle. Qui est cette Nathalie ? Je ne percute absolument pas.

*

Très vite elle enchaîne et me remet les idées en place. Ça y est, j'y suis. Ma liaison de deux mois d'il y a un an et demi. Mes cinq à sept adultères qui refont surface par l'intermédiaire de la mère de mon ex-maîtresse. Qu'est-ce qu'elle me veut encore, celle-là ?

— Voilà, ma fille est tombée enceinte et elle a accouché il y a six mois.

— Félicitations. Je suis très content pour elle, et alors ?

— Je vous appelle, monsieur, parce que c'est votre enfant !

— Pardon ?

Je me dis qu'elle s'est trompée et que c'est impossible. Je reviens à la charge :

— Vous dites que le père, c'est qui ? J'ai dû mal entendre !

— Le père, c'est vous, monsieur.

— Madame, ça ne peut pas être moi. Cela fait un an et demi que je n'ai plus aucune nouvelle de votre fille.

— Eh bien, écoutez Ludovic, cet enfant est de vous, il n'y a aucun doute.

*

Un énorme blanc s'installe. Dehors la rue grouille de monde, mais moi je n'entends plus rien. Mes oreilles bourdonnent à cause de la bombe qui vient d'exploser dans ma tête. Je suis sourd, muet, totalement hébété. Au bout d'un temps qui me semble très long, la voix résonne à nouveau dans mon oreille :

— Vous êtes là ?

Je reprends mes esprits :

— Écoutez, madame, si c'est une plaisanterie, elle est de très mauvais goût.

— Non, pas du tout. Je me permets simplement de vous appeler, pour vous le dire, pour que vous soyez au courant, mais ma fille ne le sait pas.

Elle ajoute :

— Ne vous inquiétez pas, elle ne vous demandera rien.

Là, je suis encore plus soufflé :

— Quel est le but de votre démarche ?

— Je vous informe, mais en aucun cas je ne veux interférer dans votre histoire.

Je me dis qu'elle est folle. Pourquoi m'a-t-elle appelé ? Qu'espère-t-elle tirer de moi ?

J'ai l'impression de retrouver dans la peau du personnage masculin du film *Liaison fatale*, englué dans une histoire démente qui me poursuit alors que je la croyais finie depuis longtemps. Elle poursuit :

— Nathalie vous appellera dans un avenir proche.

— Mais... madame... Vous n'avez pas un numéro pour que je puisse vous joindre ?

Trop tard, elle a raccroché. Comme elle a téléphoné en « appel masqué », je ne peux rien faire. Comment cette femme peut-elle m'appeler sur mon portable ? Comment a-t-elle eu mon numéro ? J'en change tous les six mois pour ne pas être importuné.

*

Une violente nausée me propulse vers les toilettes où je rends mon déjeuner. Je suis choqué, dans un état second. Le reste de la journée, j'essaye de m'impliquer dans mon travail et j'évite de croiser les regards. À la boutique, les vendeurs voient bien qu'il s'est passé quelque chose, mais personne n'ose me demander ce qui ne tourne pas rond. Pourtant je suis vert et mon visage décomposé trahit mon angoisse. Une fois rentré à la maison, je suis incapable de dire un mot. Sylvia le voit tout de suite, mais elle est loin de se douter de l'ampleur du cataclysme qui me dévaste intérieurement.

*

Des images de mon passé s'entrechoquent dans mon esprit, je repense au père que je n'ai pas eu, à sa fuite et au schéma de mon enfance que je suis en train de reproduire malgré moi. Non, tout mais pas ça !

Il ne s'est pas occupé de moi et moi je ne vais pas m'occuper de mon enfant, la chair de ma chair. C'est atroce, horrible et révoltant. Je voulais avoir un bébé avec Sylvia, pas avec n'importe qui. Tout ça à cause d'une coucherie stupide. Une aventure comme beaucoup d'hommes en ont pendant quelques mois. Rien de grave, surtout lorsque cela ressoude le couple. Je ne lui avais jamais rien promis, à cette Nathalie. Je l'ai « zappée », elle devait en faire autant, c'était la règle. Plusieurs fois elle a essayé de me relancer, mais je n'ai jamais répondu à ses appels.

*

Dès cet instant, je deviens mon pire ennemi. Je me déteste. Je me hais.

Je me dis que je suis une merde. Je repense à l'entrevue avec mon père, à la façon dont il m'a rejeté. Je me souviens quand j'étais enfant et que je lui téléphonais, on me disait qu'il était aux États-Unis alors qu'il était dans la pièce d'à côté et qu'il ne voulait pas me parler.

Que vont penser ma femme, avec qui j'ai vécu huit ans, ses parents qui m'ont hébergé et me considèrent comme leur fils, André, mes grands-parents, ma mère qui serait capable de me fermer sa porte à nouveau ?

*

Deux semaines se déroulent avant que je ne réalise ce qui s'est vraiment passé. Je suis KO debout. Tel un zombie, j'erre dans la routine monotone d'un quotidien qui me paraît dénué de sens. Je me lève, je vais travailler, je sors, je vais dîner avec Sylvia, mais j'ai la tête ailleurs, ma cervelle a implosé sous le choc. Les premiers soirs, je ne dors pas, je gamberge. Je ne m'intéresse plus à rien et je bois trop, jour et nuit. Quand je rentre chez moi, je suis déjà à moitié saoul.

Je suis tellement absorbé par mon enfer personnel que je ne fais attention à rien ni à personne. Mon entourage pense au début que je traverse une mauvaise passe, mais au bout de six mois, tous commencent à se poser des questions.

Je me renferme sur moi-même. Moi qui suis toujours sorti de mes galères indemne et la tête haute, je me persuade que je vais m'en tirer tout seul. En fait je me consume de l'intérieur.

Au bout de deux semaines, j'essaie de mettre de l'ordre dans le fatras qui tournoie dans ma tête afin de trouver une solution. Mais quoi que j'envisage, je bute sur une impossibilité qui me paraît insurmontable et je me sens complètement piégé. Je tourne en rond, mes réflexions stériles ne font que me miner un peu plus. J'ai besoin de quelque chose pour me stimuler et m'éclaircir les idées.

C'est à ce moment-là que je repense à... la poudre. Et je ne pense plus qu'à ça ! Je m'imagine que c'est la solution, le remontant instantané qui va me remettre d'équerre et me donner la force d'affronter la situation. Une sorte de cure de vitamines, en version musclée. Et qu'une fois le problème résolu, je n'en aurai plus besoin. Foutaise !

Chapitre 32

Sur les rails...

Comme je vois toujours les copains avec lesquels j'ai découvert la coke, je leur dis qu'il serait bien de se refaire une petite soirée comme la dernière fois. Quatre ans que je n'y ai plus touché. Nous décidons de commander deux grammes. C'est moi qui régale ! Nous prenons un gramme à trois, et le reste je le garde dans la poche pour plus tard.

La dînette avec Sylvia et notre bande d'amis se passe bien. Elle ne sait rien, nous ne sommes que trois dans le secret. La soirée se poursuit jusque tard dans la nuit, entre bars et boîtes branchées. Ouf, mon premier moment de détente depuis le coup de téléphone de la mère de Nathalie !

Je dors très peu et je repars travailler. À midi, une crise d'angoisse puissance 10 me tombe dessus. Comment puis-je aller m'amuser alors que je suis papa d'un bébé que je n'ai jamais vu et que j'ai conçu en dehors de mon mariage ? C'est comme un boulet qui m'entraîne vers le fond, je me noie. Je me souviens alors que dans ma poche traîne le reliquat de la coke de la veille, je me dis : « J'ai encore un gramme sur moi. Si je me faisais une petite ligne ? »

*

Je descends donc aux toilettes. Je me fais un rail léger et une demi-heure après je suis une vraie pile. Le soir, avant de rentrer, je fais la même chose. Le lendemain, rebelote car j'y vais doucement et il m'en reste. Je rappelle mon copain pour lui demander le numéro du dealer. Cela évitera les intermédiaires.

J'en commande à nouveau deux grammes. Comme d'habitude, livraison express. Ce petit manège ne dure que quelques semaines puisque très vite, mes besoins vont crescendo. À chaque fois que je me sens un peu angoissé, je sniffe un rail. Les semaines passent, mais loin de me calmer et de redescendre, les cadences augmentent. Je suis passé de deux à cinq, de cinq à dix et ainsi de suite. La coke part de plus en plus vite parce que la descente me rattrape de plus en plus vite, elle aussi ! Et puis plus on en achète, moins c'est cher. Au bout de trois mois, j'en suis à vingt grammes par semaine. Je ne me rends plus compte de rien. Autour de moi, on s'aperçoit qu'il y a un malaise. Mais personne n'ose m'en parler, me secouer et me filer une paire de claques pour que je réagisse.

*

Je deviens un légume. Physiquement je maigris, mais je suis encore présentable. J'essaie d'obtenir le numéro de Nathalie par des relations, mais je n'y arrive pas. Même auprès de ceux qui nous ont présentés un mois avant ce maudit mariage. Je suis pendu à mon téléphone. Sa mère m'a dit qu'elle devait m'appeler, il y a bientôt trois mois de ça. Bon Dieu, qu'est-ce qu'elle attend ?

Je prends mon nouveau scooter et je fonce à l'adresse de Nathalie. Évidemment elle a déménagé, certainement pour se venger de moi. Je deviens parano. Je pense aux journaux, surtout je redoute la presse à scandale. Quel régal pour eux !

Et maman qui ne sait rien... Et Sylvia, à qui je ne l'ai toujours pas annoncé. Et si quelqu'un parle dans mon dos ? Quelle honte, quel merdier.

*

Et trois mois après, le téléphone sonne dans l'après-midi. Incroyable, c'est Nathalie. Pas trop tôt !

— Bonjour, c'est Nath à l'appareil.

— Salut, qu'est-ce qui t'arrive pour que tu me téléphones au bout d'un an et demi ? J'ai appris que tu étais maman. Félicitations ! Maintenant, tu vas me répondre franchement : est-ce que cet enfant est de moi ou non ?

— Oui, bien sûr ! C'est une petite fille. Elle s'appelle Scarlett[1] et elle aura un an le mois prochain.

C'est encore plus dur de l'entendre de sa bouche. Elle poursuit :

— Maman t'a appelé, n'est-ce pas ? Tu étais au courant, mais je me devais de te l'annoncer officiellement. Voilà, c'est fait ! Écoute, c'est égoïste ce que je vais te dire, mais je voulais absolument un enfant et c'est tombé sur toi. De toute façon, si je ne t'ai rien dit, c'est parce que non seulement tu n'étais pas prêt à l'entendre, mais qu'en plus tu m'aurais dit non.

Je suis terrassé par son inconscience et son inconséquence. Elle vient de me briser en l'espace de deux minutes.

— Et maintenant, crois-tu que je sois prêt à l'admettre ? Penses-tu que cette nouvelle me fasse plaisir ? Je me sens trahi. Tu t'imagines quoi, que je vais débarquer chez toi avec mes affaires et que tout va recommencer ?

---

1. Afin de préserver la tranquillité de cet enfant, j'ai choisi de modifier son nom.

— Non, non ! C'est juste pour que tu sois au courant. Au fait, veux-tu la voir ?

Sans réfléchir je réponds :

— Oui, bien sûr !

C'est parti tout seul, trop tard pour me raviser. J'aurais préféré ne jamais être au courant, mais maintenant que je sais j'ai besoin de voir mon enfant.

— Eh bien, passe à la maison ce soir, j'habite à côté de la place d'Italie.

— OK, à tout à l'heure.

C'est vraiment ce qu'on appelle se faire faire un enfant dans le dos ! Je n'en reviens pas. Atterré, j'enchaîne cinq lignes de coke l'une après l'autre avant de partir. Et deux whiskies pour faire bon poids. Aux grands maux les grands remèdes !

*

J'arrive dans une ruelle que je trouve glauque, devant un immeuble éclairé par un néon blafard, aux murs d'un jaune pas clean. J'ai une bouffée de chaleur. La drogue mélangée à l'alcool plus le stress me font transpirer à grosses gouttes lorsque je monte dans l'ascenseur. Je parviens au deuxième étage, je sonne.

Nathalie ouvre la porte. La première chose que je demande, ce sont les toilettes. Je vais me remettre deux lignes dans le nez. J'ai une tête à faire peur, pas coiffé et encore moins rasé.

Nous nous disons à peine bonsoir à l'entrée de son salon. Elle est habillée comme une gentille petite fille à papa de province à qui l'on donnerait le bon Dieu sans confession. Elle n'a pas changé, toujours aussi blonde, ses yeux bleus fardés d'un rimmel assorti comme avant.

Elle me dit :

— Elle dort. Je vais aller la chercher.

Je suis déjà avachi dans le canapé. Elle rapporte un petit paquet emmailloté dans un Babygro pastel, qu'elle dépose dans mes bras. Je découvre alors le visage qui dépasse du pyjama, celui d'une petite fille mignonne comme tout, rousse aux yeux verts. Il y a de la ressemblance. Je fonds en larmes, le bébé dans les bras. La totale ! Elle s'appelle Scarlett et rien que d'entendre ce prénom, j'ai envie de me suicider. Ça me rappelle le film *Autant en emporte le vent*.

Nathalie ne dit pas un mot et fait semblant de s'affairer à ranger l'appartement. Au bout de dix minutes, le bébé se rendort. Je demande à Nathalie si elle n'a rien à me dire.

— Non. Tu sais, maintenant, on fait des enfants avec tout le monde.

Comment peut-elle dire une chose aussi étrange ? Bienvenue dans l'ère de l'homme objet ou plutôt de l'homme Kleenex ! Je prends, j'utilise, je presse et je jette. De toute manière, c'est ma faute : j'avais qu'à ne pas coucher avec, surtout avec une épouse à la maison.

Il n'y a rien à en tirer, pas de dialogue possible. Je note son numéro de téléphone pour l'appeler au cas où, un jour.

*

Je repars intégralement ravagé, un goût de cendres dans la bouche. Je me refais trois lignes directement sur la selle du scooter dans la rue. Après ce que je viens d'entendre, toutes les limites sont dépassées, il n'y a plus d'interdit qui tienne. Mes pensées sont absorbées par cette pauvre petite fille qui, elle non plus, n'a rien demandé.

Que dois-je faire, que puis-je faire, quelle attitude adopter ? Tout se joue sans moi, on ne me demande pas mon avis. Comment être le père d'une enfant dont la mère a voulu faire un bébé toute seule ? Il n'y a pas de place pour moi dans cette histoire. Cet enfant qui ne porte pas mon nom, je ne l'ai pas voulu, je n'ai pas suivi la grossesse de sa mère, je ne l'ai pas vu naître, je le découvre après plusieurs mois. Quand je l'ai tenu dans mes bras, j'ai été ému, c'est vrai, mais à cause de la désolation et de la compassion que les circonstances de sa naissance suscitent en moi. J'ai du mal à intégrer le fait que je sois son père, bien malgré moi, et je me sens incapable d'être son papa.

*

Je rentre chez moi et je joue celui pour qui tout va bien. Que faire d'autre ? Sylvia ne voit rien. J'arrive à masquer mes problèmes et ma douleur.

Je ne rappelle pas Nathalie, ça ne sert à rien. Elle est dans un autre monde que moi. Elle nage dans le bonheur et moi dans le désespoir. D'ailleurs je ne la reverrai qu'une fois où elle passe à la boutique, ensuite elle s'installe avec un mec au Maroc.

Chapitre 33

Chute libre

La blessure de cette paternité arrachée contre mon gré ne cicatrise pas. J'ai peur d'en parler et puis je ne sais pas à qui me confier. Au bout de six mois, je me décide enfin. Ce sera André qui recevra mes confidences. Il m'écoute avec beaucoup d'attention, il est choqué mais me réconforte. Il trouve les mots pour me faire déculpabiliser, mais cela ne m'empêche pas de m'enfoncer. Toute ma vie s'écroule. C'est finalement trop lourd à porter pour moi tout seul.

*

Pendant cette période, je sors presque tous les soirs, je bois jusqu'à plus soif et j'ingurgite des quantités hallucinantes de coke.

Je deviens irritable, un rien m'énerve et mon humeur irascible fait le vide autour de moi. Point de vue finances, ça commence à se gâter. Je n'ai pas encore demandé de crédit à ma banque, mais ça ne saurait tarder. J'ai toujours le même train de vie néanmoins je ne m'inquiète pas outre mesure, tant que j'ai ma dose, je tiendrai. À cause de la coke, je ne mange plus. En quelques mois, j'ai perdu quinze kilos et je n'en pèse plus que soixante-quatre. J'ai le teint gris, le regard vague et glauque. Je deviens moche et je commence à faire peur.

*

André me dit un jour :

— Tu as un problème, un souci ? Je peux t'aider ?

— Non, tu te plantes complètement, tout va bien. Fous-moi la paix.

— Ludo, tu as anormalement maigri, tu ne manges pas beaucoup et tu es très speed... Tu me caches quelque chose ?

— Non, je n'ai pas très faim en ce moment et puis ça ne va pas bien avec Sylvia.

— Arrête ton écran de fumée, ça ne prend pas, il y a autre chose. Tu sais que tu peux tout me dire. Je suis là, je vais t'aider à trouver une solution, mais pour ça il faut que tu me parles.

— Laisse tomber, ça va, je vais me démerder tout seul.

*

À la maison, même refrain. Sylvia s'y met aussi et je lui dis que j'ai des problèmes au boulot, que le business ne marche pas fort, que les temps sont durs. Elle n'y croit pas une seconde, mais l'essentiel c'est qu'elle me lâche. Mon entourage sait que je suis en train de péter les plombs, mais je m'enferre dans mon mutisme. Ce sont mes affaires, pas les leurs. Je passe pour un fou mais je m'en fous.

Je suis insupportable. Je deviens violent et agressif, tout l'opposé de ce que je suis d'ordinaire – pas avec les personnes que j'aime, heureusement – mais si quelqu'un me fait une réflexion dans la rue, je suis capable de lui casser la gueule sans préavis.

Quand je sors en boîte, pour un mot de travers, un regard en biais, je déclenche des bagarres. Si un mec me pousse, une envie de meurtre me saisit. Je ne fais plus dans la dentelle. Le whisky, je le bois au goulot et je me constitue un stock d'alcool à la maison. Je n'ai plus de garde-fou. Je ne suis même plus saoul puisque la drogue absorbe tout.

Pendant ce temps là, Sylvia sort avec ses copines deux ou trois fois par semaine. Elle pense que j'ai besoin d'être un peu seul ou avec mes copains. Elle se sacrifie pour m'offrir un espace de liberté, elle qui est plutôt casanière.

*

Financièrement, ça commence à craquer. Vingt grammes de coke par semaine, ça coûte cher. Alors je demande mon premier crédit.

— Aucun problème, monsieur Chancel ! De combien avez-vous besoin ?

— 30 000 francs ça ira très bien.

Un mois après, la somme s'est évaporée, en grande partie absorbée par mes narines voraces. L'argent file trop vite, mon salaire ne me suffit plus. Comment faire ? Je retourne à la banque et j'obtiens un nouveau prêt. Cette fois-ci pour être tranquille, j'y vais fort. 80 000 francs cash sans aucun problème et avec le sourire de mon banquier préféré. Je tiens deux mois. Pas un jour de plus.

*

Je suis dans un état de délabrement physique avancé, je ne sais pas combien de temps je vais pouvoir continuer à ce rythme-là. Si je tiens toujours debout, c'est par la force de l'habitude. J'arrive encore à prendre une douche le matin et surtout mon regard évite de croiser tout ce qui ressemble à un miroir. J'ai peur quand je vois ma tête.

Je n'ai plus d'horaires. Sauf pour mon travail, où je file machinalement mais sans grande conviction. C'est la seule chose qui m'arrime encore à la normalité. Tout le reste est décalé. Je mange n'importe quoi, n'importe quand et je fais n'importe quoi n'importe quand avec n'importe qui. C'est le début de la déchéance.

Je découche de plus en plus souvent. La première fois que je l'ai fait, j'ai cru que j'allais crever. Je suis rentré la tête en sang, incapable de me souvenir si je m'étais battu ou si on m'était tombé dessus. Mon portable était saturé de messages, une quinzaine au moins. C'était Sylvia qui s'inquiétait. Elle avait peur d'un nouvel accident. Elle a donc fait la tournée des commissariats et des hôpitaux, en vain. En fait, c'est mon nez qui saignait car la coke, et non une bagarre, avait provoqué l'éclatement des vaisseaux sanguins.

*

Dès 16 h 30, je vais dans une boîte échangiste des Halles, pour n'en ressortir que le lendemain matin à l'aube. Là-bas, je me bourre la gueule à l'alcool et je me défonce consciencieusement à la coke. Deux précautions valent mieux qu'une. Plus à rien à voir avec le « médicament » d'avant. Je me drogue pour me droguer, pour aller au-delà de mes limites. Mes lignes sont devenues des autoroutes sur lesquelles je fonce toutes narines déployées.

À chacune de mes incursions là-bas, je me tape cinq personnes au moins dans la nuit. Dans la pénombre de cette ambiance malsaine, hommes, femmes, travelos, tout ce qui bouge est bon à prendre. Je me laisse faire et c'est vraiment horrible comme sensation. Je veux voir jusqu'où je peux tomber dans la déchéance. Je me méprise, je me hais, je me maltraite et je veux qu'on me maltraite. Seule la douleur physique et le vertige me permettent d'accéder à une jouissance brève et intense qui m'anesthésie pendant quelques minutes et dont j'émerge toujours aussi frustré.

J'en arrive à un point où je ne sais même plus mon nom, ni où je suis. Je me fais virer au petit matin pour cause de fermeture. Il me faut trois jours pour m'en remettre. Je me fais porter malade au boulot sans arrêt.

*

Sylvia voit bien que je suis dans un état dramatique. Elle me dit qu'elle veut comprendre, savoir si c'est de sa faute.

Je l'envoie sur les roses.

*

Sylvia, ne sachant plus comment s'y prendre avec moi, tire le signal d'alarme auprès de mes parents. Se doute-t-elle de tout ce que je fais, de tout ce qui se passe ? Non, j'en suis sûr. Elle ne peut voir que la partie émergée de l'iceberg. Mais c'est assez pour qu'elle se décide à donner ce coup de fil, ce qui ne doit pas être facile je m'en rends compte aujourd'hui. Elle leur dit qu'il y a quelque chose qui cloche. Elle leur raconte que je découche trois fois par semaine, que j'ai maigri de quinze kilos, que je m'adonne à l'alcool et que je suis de plus en plus bizarre. Elle pleure de plus en plus souvent, elle a les nerfs à fleur de peau, mais je ne réagis pas.

Yves, mon beau-père, m'appelle un après-midi. Il est à Paris et me fait savoir que ce soir nous dînons tous les deux, sans me demander mon avis. Pourquoi lui plutôt qu'un autre ? Je suis tellement mal que cette main tendue est la bienvenue. Comme il a vécu, je pourrai lui parler librement et puis peut-être veut-il me montrer qu'il est plus présent que je ne le pense. Après tout, il m'a élevé.

*

À l'heure dite, il me récupère directement à la sortie du boulot et m'emmène dans un restaurant thaï du côté de la porte d'Auteuil. L'ambiance feutrée et la lumière tamisée sont propices aux confidences. Je ne suis pas trop défoncé, je mange et cela me fait du bien. Avec lui, je bois du vin et me détends en attendant qu'il en vienne au fait.

Il attend le dessert pour attaquer :

— Je ne veux pas me montrer indiscret, mais je pense que tu as quelque chose d'important à me dire. Je fais partie de ta famille tu sais, et je ne suis pas là pour te juger, mais pour t'écouter. Alors, dis-moi, qu'est-ce qui t'arrive ?

— Je suis à fond dans la coke et je ne sais plus quoi faire !

— OK. Je m'en doutais. Ce n'est pas si grave que ça. Mais pour quelles raisons ? Toi, Ludovic, élevé comme tu l'as été ? Je t'ai vu évoluer. Alors qu'un pétard te dérangeait, tout à coup tu tombes dans la coke, une drogue dure. Tu consommes beaucoup, n'est-ce pas ? Pendant des années tu as fait la fête en restant clean et aujourd'hui tu plonges la tête la première dans la farine. Quel a été le déclic ?

— Eh bien voilà... Je suis père.

Ça y est, j'ai lâché la bombe, elle roule sur la nappe. J'attends l'explosion.

Calmement, Yves me regarde et me dit :

— Bon, d'accord. Et alors, il n'y a pas mort d'homme, où est le problème ? Il faut que tu arrêtes de te faire du mal comme ça car tu fais souffrir tout le monde autour de toi et personne ne peut t'aider si tu n'en parles pas.

Comprenant que je suis perdu et livré à moi-même, il ajoute :

— Ne t'inquiète pas, cette discussion restera entre nous. Par contre, il faut qu'on trouve une solution car il est hors de question que tu continues à te démolir.

*

La soirée s'achève plutôt agréablement. Je rentre tard chez moi content et soulagé, enfin je me suis vidé après huit mois de silence.

Mais le lendemain, je suis de nouveau au plus mal. Il n'y a plus personne à qui parler et les bonnes paroles de la veille ne sont pas suivies d'effet concret immédiat comme j'en rêvais.

Qu'importe, je prends sur moi et je pars bosser. André ne me dit rien, il sait que s'il se risque à formuler la moindre remarque je disparais pendant plusieurs jours. Non content d'être odieux, je fais mal aux gens que j'aime.

Chapitre 34

Le point de rupture

Je me décide enfin à appeler ma mère en lui disant qu'il faut absolument que je lui parle. On se retrouve dans Paris. Elle est loin d'imaginer ce que je vais lui confier. Néanmoins, elle tique en remarquant ma maigreur et mon teint terreux. Je respire un grand coup et je prends la parole :

— Maman, j'ai un gros problème, je me drogue, mais pas sans raison. À cause de... Enfin je veux dire, je suis papa. D'une petite fille qui a un an.

— Avec Sylvia ? Mais je ne comprends pas, je ne l'ai pas vue enceinte. De quoi parles-tu, mon petit Ludo ?

Je cherche mes mots, puis je reprends :

— Après le mariage, cela n'allait pas avec Sylvia et j'ai couché avec une autre fille. Ce n'était pas sérieux, juste une aventure. Elle m'a dit qu'elle prenait la pilule. Je l'ai crue et je ne me suis pas protégé. Elle a disparu de ma vie au bout de deux mois pour réapparaître maintenant, maman d'une petite fille qui s'appelle Scarlett et qui est mon portrait craché. Cela fait des mois que je rumine sans rien dire. Je n'en peux plus. J'ai besoin d'aide.

Ma mère réplique sur un ton scandalisé :

— Comment as-tu pu faire une chose pareille ? Et Sylvia, est-elle au courant ? Mais qu'est-ce que tu as fait ? Pourquoi ?

— Je t'en prie, maman, je ne sais pas quoi faire, je suis désolé. Prends-moi dans tes bras, s'il te plaît.

Rien à faire, elle est lancée :

— Mais moi, je vais la reconnaître, cette petite fille. Je veux être sa grand-mère.

— Arrête, tu dis n'importe quoi, maman !

— Ça suffit comme ça, tu vas assumer et moi je vais appeler Sylvia. C'est ta fille, il faut t'en occuper et la voir. Tu n'as que trop perdu de temps.

*

Il va falloir faire vite avant qu'elle n'appelle Sylvia et que je passe définitivement à ses yeux pour le dernier des salauds. Bon Dieu, il ne manquait plus que ça !

Je tergiverse quelques jours avant de me décider à percer l'abcès. Depuis des mois, mon comportement ne fait pas que me détruire, il détruit aussi Sylvia que je vois partir en lambeaux. Maintenant, je n'ai plus le choix, il faut que je lui avoue la vérité. Je ne sais toujours pas comment je vais m'y prendre, mais je sais que je dois le faire. Pour me donner du courage, je m'enfile deux bouteilles de whisky.

J'arrive à l'appartement, il est 5 heures du matin. Sylvia a fermé la porte d'entrée à clé. Je la comprends, c'est normal. Elle a de plus en plus de mal à assister à ma déchéance. Je m'endors sur le paillasson. Le matin, vers 9 heures, je suis réveillé par la porte qui s'ouvre. C'est Sylvia, avec les traits tirés et l'air grave :

— Ludo, je t'aime, mais on ne peut plus continuer comme ça. Je ne supporte plus de te voir te détruire, je ne supporte plus ta déchéance. Je ne me suis pas mariée pour connaître le pire du pire.

Je lui réponds, embrumé et la bouche pâteuse :

— Tu as raison, je vais t'expliquer.

Je rentre dans notre petit appartement du XVIe arrondissement et je m'assieds sur le canapé.

*

Elle m'apporte une bouteille d'eau et s'installe en face de moi :

— Sylvia, depuis plus de huit mois je suis à fond dans la drogue. J'en suis arrivé à prendre jusqu'à vingt grammes de cocaïne par semaine, je bois comme je n'ai jamais bu, mais ça tu le vois, je ne t'apprends rien.

Elle me coupe la parole :

— Non, ce n'est pas possible, pas toi ! Mais pourquoi ? Qu'est-ce que je t'ai fait ?

— Rien, ce n'est pas de ta faute. C'est... Comment te dire... J'ai fait une connerie. Une énorme connerie. Après notre mariage, je suis sorti avec une femme et je viens d'apprendre, plus d'un an et demi après, que je suis le papa d'une petite fille qui aura bientôt un an. J'ai honte, je me suis fait piéger. Je ne savais pas comment t'en parler, alors j'ai voulu mourir.

*

Sylvia reste pétrifiée quelques secondes, puis elle s'effondre en sanglots. Ça y est, quoi que je dise maintenant, le mal est fait.

J'essaye d'atténuer sa douleur en lui expliquant que je suis le dernier des derniers mais que je l'aime toujours, que l'autre n'a jamais compté, que c'était une aventure sans importance. Je la supplie de me pardonner, je me mets à mon tour à pleurer mais rien n'y fait. Je l'ai trompée, trahie, je lui ai menti pendant des mois, son monde vient de s'écrouler. Sans un mot, elle se lève et commence à rassembler ses affaires. Vingt minutes plus tard, la porte se referme derrière elle. C'est fini, elle est partie.

Le claquement de la porte sur les talons de Sylvia me laisse hébété, incapable de savoir ce que je ressens, ballotté entre l'accablement et une sorte de soulagement. Après tout, j'ai fait ce qu'il fallait pour en arriver là, je l'ai suffisamment poussée à bout pour qu'elle n'ait pas d'autre issue que la sortie, non ?

Chapitre 35

Rien ne va plus

L'appartement me semble vide, pourtant le désordre règne comme jamais, des affaires traînent partout. Ayant besoin d'un petit remontant, j'empoigne une bouteille de vodka et bois à même le goulot. En vingt minutes, elle est déjà terminée. J'ai toujours la bouteille d'eau, mais franchement je lui trouve un goût amer. Pas question que je reste seul avec mes idées noires, j'appelle le dealer. C'est la première fois qu'il vient directement chez nous, enfin chez moi maintenant.

En l'attendant, je cogite. Avant, tout le monde était heureux autour de moi. Aujourd'hui, je suis parvenu à me faire détester de ceux qui me sont les plus chers. En quelques mois, je me suis fait jeter de partout et je suis devenu la « bête noire ».

*

J'ai mis huit ans à construire mon univers, et huit mois pour le détruire.

Je perds Sylvia, je perds ma famille et la sienne. Ma relation avec André ne tient plus qu'à un fil. Mes repères, mes convictions, mes envies, mes amis, mes amours, tout est parti à vau-l'eau. Beau travail, Ludo ! Pour une fois tu as été efficace, rien à dire. Faire autant de dégâts en aussi peu de temps, c'est une véritable performance. Dommage qu'il n'y ait pas un championnat du monde des losers, tu aurais remporté la médaille d'or haut la main.

*

La sonnette retentit, m'extirpant de cette sinistre rumination. Ouf, ma « livraison » est arrivée. J'ouvre la porte et la transaction se passe rapidement. Le dealer me remet un sac en plastique qui contient... trente grammes. Je lui tends une poignée de billets, il y en a pour plus de 2 000 euros. Dans mes délires, je suis quand même organisé et prévoyant.

Je m'enferme alors à double tour, tire les rideaux et, pendant trois jours et trois nuits, plonge dans l'apocalypse. Je n'arrête pas une seconde, je sniffe rail sur rail, je marche de long en large, je flippe et j'hallucine. J'entends des bruits bizarres, chaque ombre sur le mur se transforme en entité menaçante, je ne sais plus dans quelle dimension j'erre.

Puis je deviens hystérique, ivre de rage après moi et le reste du monde. Je casse tout, les miroirs, la chaîne hi-fi B & O, je retourne l'appartement, le mets à sac. J'ai coupé le téléphone en arrachant les fils et en fracassant l'appareil à toute volée contre le mur. Maintenant, mon but est clairement identifié : « totale destruction ». Je me fous du bruit que je fais et des voisins. D'ailleurs, s'il y en a un qui ose se pointer je lui casse la gueule.

Au bout de 72 heures, épuisé et affamé car je n'ai rien mangé depuis la veille au soir du départ de Sylvia, je gobe quelques cachets de Temesta®, il faut que je dorme. L'horreur !

*

24 heures après, je refais surface. C'est Yves qui m'appelle sur mon portable pour prendre de mes nouvelles. Mais ni lui, ni ma mère, ni André et encore moins Sylvia ne semblent apparemment – en tout cas c'est ce que je crois à l'époque – vraiment s'inquiéter de mon sort. Alors je fais comme si de rien n'était. Je lui raconte une salade du style :

— Je suis fatigué, j'ai pris quelques jours de repos.

Il me demande quand même si j'ai cessé mes conneries. Je botte en touche :

— Ne t'inquiète pas, je me refais une santé.

*

Je claque la porte de l'appartement et me tire, direction les Halles et la boutique. André est plus énervé qu'étonné de me voir. D'ailleurs que voit-il ? Un clochard aux yeux exorbités, pas rasé, maigre à faire peur, repoussant de saleté.

Il m'a préparé un chèque car il ne veut plus que je vienne travailler dans cet état. Il ne peut plus compter sur moi, me dit-il, je suis invivable et j'envoie chier les clients, ce qui nuit au commerce.

D'un ton calme et résigné, il lance :

— Écoute, Ludo, règle tes problèmes et reviens très vite, je suis là, mais tu comprendras que je ne peux plus te suivre.

Je ne réponds pas. Je l'embrasse et me casse.

Dans ma tête je sais qu'il me reste quand même une porte de sortie. Je vais à la banque déposer mon chèque et prendre l'équivalent en liquide. Puis je fonce direct chez l'épicier faire le plein d'alcool. Côté bouffe, je prends le minimum, juste de quoi survivre à moindre coût parce que j'ai d'autres obligations financières. Des pâtes, du riz, des biscuits et des conserves. Rien de périssable. Je ne suis plus au stade où on se préoccupe de diététique et de vitamines ! Je dois me dépêcher, j'ai rendez-vous avec mon dealer, je ne voudrais pas le manquer.

Chapitre 36

Un deux trois, nous irons au bois...

Je continue de plus belle mes délires nocturnes. Je dois tout essayer. Les boîtes échangistes, les back-rooms homos, le bois de Boulogne. Le parcours complet. Je baise, je me fais baiser, un coup à l'envers, un coup à l'endroit, peu importe. Et si je peux, les deux en même temps. Ce sont mes « nuits fauves » à moi. Le tréfonds du sordide, je l'atteins quand je décide de me prostituer. Jamais j'aurais cru que j'en arriverais là. Je ne pense pas que l'on puisse tomber plus bas. Je choisis la porte Dauphine, haut lieu de la prostitution masculine, pour mes débuts.

*

J'arrive sur mon scooter, blouson bombardier, casquette et jean. Je suis nouveau et les « collègues » me regardent d'un drôle d'œil. Je repère un bout de trottoir libre et me poste au bord, bien en évidence. Voilà, ça n'est pas plus compliqué que ça de faire le tapin.

En deux heures, trois clients et toujours le même scénario :

— C'est combien ?

— 100 balles.

Je monte dans la voiture. Je prends l'argent et je demande :

— Qu'est-ce que tu veux faire ?

On fait. Et, ensuite je repars comme si de rien n'était.

*

Il ne me faut pas deux jours pour devenir un giton accompli. À croire que j'avais ça en moi, me dis-je avec un fatalisme amer.

J'entre dans une spirale infernale qui va crescendo au fur et à mesure que les heures de mes soirées s'écoulent. Au Bois, je vais voir les travelos. Je parle beaucoup, mais parfois je passe à l'action. Le Bois, c'est une ville où chaque quartier a son activité. Les voyeurs, les couples, les exhibitionnistes, les échangistes, tout se trouve et tout s'achète.

Moi, je m'adapte ; du moment que je me salis, ça me va. Ce n'est même pas pour l'argent que je tapine : c'est pour pouvoir me regarder dans la glace en ayant envie de me tuer tellement je suis mal, me méprise et même me hais. Je veux détruire le raté que je vois dans le miroir en face de moi, l'atomiser, l'anéantir. Et pour y arriver, je ne mégote pas.

*

Après le Bois, comme je n'ai toujours pas ma dose d'avilissement je vais dans le nec plus ultra de la sex-room pour homos. Vidéos, salons privés, chambres communes, grille en fer et sexe à tout-va. Les murs suintent un mélange de transpiration, d'humidité et de sperme, immuable parfum d'ambiance de ce lieu très fréquenté. Là-bas, je suis « l'objet ». Je m'installe dans un coin et j'attends qu'on vienne vers moi. Jamais longtemps. Ça défile à une vitesse infernale, toujours avec préservatif parce que je reste prudent. Impossible de compter, je me perds dans cette usine du hard.

Plus je descends, plus j'en veux. Je ne vois pas ce que je peux faire de plus pour aller au bout de moi-même, et foutre toute ma vie en l'air. Car tel est le but inconscient de la manœuvre : « Ludo décédé accidentellement ». Mais j'ai beau chercher les mauvais coups, ça ne marche pas. Il me faudrait une solution plus expéditive, or je n'ai pas le cran de passer à l'acte. Me faire sauter le caisson une bonne fois pour toutes, je caresse l'idée, mais le courage de la mettre à exécution me fait défaut.

Chapitre 37

Déchéance.com

Je découvre les joies et les facilités d'Internet, le plus grand trottoir du monde. C'est mieux que d'aller porte Dauphine : pas besoin de se déplacer et de se geler les fesses en respirant les effluves des pots d'échappement.

Les rendez-vous s'enchaînent, je prends tout, sauf les sado-masos. Je reçois à tour de bras car j'ai besoin de fric pour financer mes doses. Et ça marche du feu de Dieu. J'ai trouvé le bon filon et parviens à recevoir jusqu'à six clients par jour. C'est le défilé dans mon appart transformé en taudis. Je prends tout ce qui bouge et répond à mes propositions. Je change mon prénom. Je m'appelle un jour Julien, un autre Thierry, mais Julien plaît plus. Des hommes, des femmes, je ne suis pas regardant du moment qu'on paie. Sinon pour le fun, de temps en temps j'échange le rôle de tapin contre celui de micheton et je convoque une fille pour me soulager.

C'est encore plus glauque que le Bois. Là-bas, au moins, je pouvais aller discuter avec les travelos entre deux passes. Ici, je suis seul face au défilé de clients, dont n'importe lequel pourrait me faire la peau tranquille. Le pire, c'est que ça ne me fait pas peur. Au contraire même.

*

Je ne sais pas combien de jours je passe claquemuré ainsi. À cause des rideaux tirés je ne distingue plus le jour de la nuit. Mes seuls contacts humains, si on peut appeler ça ainsi, sont les clients et mon dealer. Un soir enfin, l'envie de mourir devient assez massive pour que j'entreprenne de me couper les veines. Entre l'alcool et la drogue, n'ayant pas la main sûre, je tremble trop pour ne pas me rater. Comme cela m'énerve, avec ma lame je me taillade alors les mains et le visage. Et me dessine des marques dignes de celles d'un guerrier Masaï. Je saigne de partout et je pleure. Je veux en finir, mais je n'y parviens pas. Même la mort ne veut pas de moi.

Alors je me dis que je pourrais peut-être arriver à mes fins en provoquant une overdose. Mon cœur va bien finir par lâcher à ce rythme là.

Bien sûr, la solution de facilité consiste à concocter un savant mélange de médicaments. Mais là, je vomis le cocktail cinq minutes après l'avoir ingéré. Alors je prends des Ecstasy, dix à quinze pilules dans la soirée, plus de la coke, plus de l'alcool, plus du Temesta® pour redescendre. Rien à faire, je n'ai même pas de palpitations. C'est rageant.

*

Financièrement aussi, c'est l'horreur. Je vends mes blousons, mes bottes... Beaucoup est déjà parti. L'argent file encore plus vite entre mes doigts que la coke dans mes narines...

Chapitre 38

La tête hors de l'eau

Ma mère m'appelle régulièrement à cette époque, peine perdue : je fuis toute discussion. Elle me propose de suivre une cure de désintoxication dans une clinique privée en dehors de Paris, mais je décline tout net. En fait, je refuse d'admettre que je suis malade.

Elle essaie pourtant de me redonner confiance avec des mots qui, d'habitude, font mouche avec moi, mais là, rien à faire. Si elle savait ce que j'ai fait, dans quels abysses je suis tombé ! Je me dégoûte.

*

Et soudainement, un jour, le déclic se produit. Je n'en peux plus de cette non-vie, de cette destruction stérile, de mes interrogations qui ne mènent nulle part, de cette quête de sexe qui devient lassante et du vide que j'ai fait autour de moi. Je me dis : « Ludo, tu as beau essayer de t'enfoncer, tu es arrivé au terminus. La voie est sans issue et dans la mesure où tu n'arrives pas à te supprimer, tu n'as qu'une solution : vivre et accepter ».

*

Alors je prends un bon bain chaud, me rase et me coiffe. Au fond d'un placard je déniche des affaires propres et repassées que j'enfile puis je me décide à aller voir André.

Dans la rue, je croise mon image dans une vitrine. C'est le choc, encore pire que celui que j'ai ressenti après l'hôpital à mon retour à Feucherolles. J'aperçois une forme qui me ressemble vaguement et je mets quelques secondes avant de réaliser que c'est mon reflet. Je ne suis plus que l'ombre de moi-même. Moi qui avais la réputation d'être beau gosse, là j'ai pris un sale coup de vieux, un sale coup de moche même. Je vais avoir un sacré boulot pour récupérer, encore une fois. Sauf qu'aujourd'hui je ne suis pas victime d'un chauffard mais de moi-même. C'est tellement glauque que j'en ai la nausée tellement j'ai honte. Je porte encore les stigmates des mutilations que je me suis infligées au cours de ma nuit d'hystérie. Le visage, les mains, je suis écorché de partout mais surtout de l'intérieur.

J'ai dépassé le stade de la haine de soi et je suis délibérément allé au plus noir du désespoir. À cet instant, je pense que maintenant que j'ai touché le fond et que je ne m'y suis pas noyé, il est temps de donner le fameux coup de pied qui fait remonter à la surface. J'arrête l'entreprise de démolition et je m'attelle à la reconstruction. Un trop gros chantier pour l'affronter seul, il me faut de l'aide.

*

J'appelle donc mes parents et je leur déclare que j'accepte de faire une cure, mais pas en clinique, à Thoiry, la nouvelle demeure de maman.

C'est elle qui viendra me chercher. J'ai préparé un sac avec quelques vêtements et je l'attends. Je n'emporte rien d'autre, pas d'objet fétiche, pas de souvenir de mon ancienne vie.

Elle arrive. Que c'est bon de revoir son visage qui me sourit tendrement. Sur la route, je me laisse déborder par un trop-plein de larmes. Dans la voiture, il y a un fond de musique. Elle me console en me disant que ce n'est pas grave. Elle me prend dans ses bras, je pose ma tête sur son épaule, elle me caresse les cheveux en me murmurant des paroles de réconfort :

— Je suis là, ne t'inquiète pas. Tu vas t'en sortir.

Ce que j'apprécie plus que tout, c'est de la sentir à nouveau proche de moi. Elle me prend la main et me dit :

— Moi aussi, j'ai subi des épreuves, j'ai eu un parcours difficile, mais je suis là pour toi.

Elle est tout ce dont j'ai besoin à ce moment-là. Elle agit comme une vraie mère. C'est la première fois que je l'appelle au secours et elle a immédiatement répondu présente. Si j'avais su ! Si j'avais osé...

C'est dur pour elle aussi car elle m'aime et je suis son fils unique. Elle essaie d'être forte, il ne faut pas qu'elle craque, sinon je vais continuer à sangloter toutes les larmes de mon corps.

Nous arrivons à la maison. Yves me prend lui aussi dans ses bras et me dit que j'aurais dû venir plus tôt, qu'ils sont là pour moi. Je suis tellement fatigué que je vais me coucher, bien qu'il ne soit que 2 heures de l'après-midi.

*

La première semaine, je ne fais que pleurer et dormir. J'essaie de digérer tout ce que j'ai ingurgité comme drogue et comme alcool.

Pendant trois semaines, je reprends un rythme de vie tranquille. Je me requinque et recommence à manger. Je me motive et j'y arrive plutôt bien. Mes parents font tout pour moi, mais j'ai des moments de grande déprime où ma solitude me pèse. Là, je subis des montées d'angoisse terribles, des tremblements, des suées épouvantables, le cœur qui s'emballe. La cause, je la connais : après toutes les saloperies que j'ai avalées, il s'agit de crises de manque. Physiquement c'est dur, psychologiquement horrible. J'essaie de parler et de me calmer avec du Lexomil® ou du Temesta®.

Ce sont les anxiolytiques que je prends quand mes crises deviennent insupportables. En moyenne, dix par jour, histoire de m'assommer. Je fais beaucoup de cauchemars.

*

Petit à petit je reprends des couleurs et goût à la vie. Je recommence à parler avec Sylvia au téléphone. Elle vient régulièrement aux nouvelles. Le principal reproche qu'elle me fait est de l'avoir trompée avec cette Nathalie. La fameuse nuit de notre rupture, elle m'avait dit qu'elle m'aimait mais qu'elle ne pouvait plus vivre avec moi. Elle n'a pas changé d'avis depuis.

*

Pendant ce séjour, ma mère m'incite à suivre une psychothérapie. Je repousse sa suggestion. Je ne suis pas encore prêt. Même si je me suis fais une grosse frayeur, je me sens encore à vif, et sans envie de gratter les plaies en voie de cicatrisation. Aussi je lui dis que c'est peut-être une bonne idée mais que c'est un peu tôt. En vérité j'ai trop honte de tout ce que j'ai fait pour envisager de le raconter, fût-ce à un médecin dont le secret professionnel, je le sais, me garantit pourtant la confidentialité de nos entretiens. Et trop peur de devoir regarder en face ce qui gît au fond de moi. Je m'accroche au semblant de mieux-être que j'ai retrouvé et, comme souvent, je fais l'autruche.

Au bout d'un mois je commence à m'ennuyer ferme dans cette campagne, l'agitation de la ville me manque. Je passe mes journées à dormir, à manger et à faire du sport. Je suis presque sorti d'affaire, le semi-sevrage porte ses fruits. Même si les médicaments ont remplacé la poudre, c'est un moindre mal. Il serait temps que je ressorte de mon cocon pour aller voir ailleurs ce qui se passe.

Chapitre 39

Rechute

Un beau matin, j'annonce donc à mes parents que je rentre à Paris. Je retrouve mon appartement dans l'état désastreux dans lequel je l'avais laissé puisque personne n'y a mis les pieds entre-temps. J'y suis à peine entré que j'angoisse déjà. Je ne tiens pas avec mes seuls cachets, je recommence à prendre de la coke. Dans un premier temps, je fais un effort colossal pour restreindre ma consommation. C'est dur et je n'arrive pas à tenir plus de deux jours sans sniffer. Je transpire, je suis mal, j'ai des crampes. Je m'accroche, mais c'est insupportable. Je pensais pouvoir m'en sortir tout seul et je m'aperçois qu'hélas cela m'est impossible.

En fait, ce mois chez mes parents ne m'a pas servi à grand-chose, à part à me retaper un peu. Maintenant, je suis dix fois plus accro. Je me redis que j'ai raté ma vie et qu'en fin de compte je n'ai pas envie de m'en sortir du tout. C'est trop difficile, et puis pour qui, pour quoi se donner tant de mal ? Je n'en vaux pas la peine.

*

Je recommence à travailler et le soir, je remets le couvert de ma vie de débauche. Je suis dans un état comateux puisque je ne dors pas et avec tout ce que je bois sans rien manger, ça n'arrange rien. Si je reste plus de deux jours chez moi, j'ai envie de me suicider, de me jeter par la fenêtre ou de me taillader les veines. Tandis que je m'occupe l'esprit pendant la journée, le soir, allô dealer, je me fais livrer de quoi me défoncer jusqu'au bout de la nuit. Pour couronner cette rechute, je retourne dans les boîtes échangistes.

J'en sors en général vers 2 heures du matin et je vais directement aux toilettes des bouges qui complètent mon circuit infernal pour me défoncer et me taper tout ce qui bouge. Tout ce que j'ai sous la main, tout ce qui veut bien y passe. C'est reparti de plus belle. Je ramène chez moi travelos ou nanas, je n'en ai rien à foutre. Dans l'état où je suis, c'est du pareil au même...

*

Une descente aux enfers, il n'y a pas d'autres mots. Mon appartement, situé dans un immeuble bourgeois du XVIe arrondissement, commence à ressembler à une décharge à ordures.

C'est un grand deux pièces de 70 m^2 qui serait très agréable si une puanteur atroce n'y régnait, et si les vêtements étalés partout, les cadavres de bouteilles vides et les poubelles que je n'ai pas descendues depuis deux mois n'empêchaient d'y mettre un pied devant l'autre. Mon grand lit de deux mètres sur deux est perpétuellement défait, on dirait que les draps, immondes, n'ont pas été changés depuis Mathusalem. Le canapé, blanc à l'origine, a pris une teinte jaune crasseuse à cause de tout ce que j'ai renversé dessus. Il y a des restes de tout partout, des sachets de drogue vides, des verres sales au fond desquels mes visiteurs ont écrasé leurs mégots, des capotes usagées.

Mais il n'y a pas de bouffe. Que de l'alcool.

*

Ce capharnaüm innommable dure trois mois. Trois mois intenses. Je continue à me prostituer avec des mecs. Ça me permet de me procurer un peu d'argent, puisque à la banque mon compte est en dessous du niveau de la mer depuis belle lurette. Je n'ai pas payé mon loyer depuis presque un an. Mais je ne me pose aucune question. Après moi, le déluge !

Tout le bénéfice de Thoiry est définitivement perdu. À nouveau, je pèse cinquante kilos et j'ai une dégaine de clochard, mais paradoxalement, partout où je sors, mon look destroy me vaut une cote d'enfer. Allez comprendre !

Quand je suis seul chez moi, j'appelle des numéros de putes que je repère dans les journaux gratuits. Je les convoque à la maison. Ce n'est même pas une envie de sexe, c'est juste pour ne pas être seul. J'ai besoin de chaleur et d'une présence physique.

*

Après un trimestre à ce régime, l'envie de m'en sortir me reprenant, André me donne à nouveau une chance. Je sens que c'est la dernière. Je négocie des horaires à la cool. Les choses semblent s'améliorer, mais c'est loin d'être gagné, la route est longue, je le sais, et pavée d'embûches.

Cependant l'ambiance des Halles, avec tout son mouvement, les jeunes qui y gravitent, ses lieux branchés, me redonne un petit coup de fouet. Je constate que la vie continue et que je peux y trouver ma place. C'est en allant déjeuner que j'en ai la plus convaincante et la plus inattendue des preuves.

Chapitre 40

Amande

Au café Costes, situé à quelques mètres du magasin, une jolie serveuse s'occupe de moi et je sens qu'un étrange courant passe entre nous. Je l'ai déjà croisée plusieurs fois dans le quartier. Elle paraît débordante de vitalité et sa joie de vivre est communicative. Elle est grande, fine, le corps androgyne des ados d'aujourd'hui, d'ailleurs elle a vingt ans, des yeux d'un bleu limpide, les lèvres charnues et une étonnante chevelure ondulée, mi-rasta, mi-saut du lit.

Je lui demande son prénom. « Amande, me répond-elle, comme le fruit ». C'est vrai qu'elle est à croquer, mignonne et toute fraîche. Voilà qui me change agréablement de mes fréquentations hasardeuses.

Elle m'amuse et en même temps éveille en moi un intérêt certain. J'en suis tout étonné car je croyais que plus rien de positif ne pouvait encore m'arriver. Je dois me rendre à l'évidence, ce que j'éprouve ressemble furieusement à un coup de foudre. Je dois repartir travailler, ce n'est pas le moment de draguer et avec la vie que je mène j'ai un peu perdu le mode d'emploi.

*

Quelques jours se passent sans que je ne retourne au café Costes, mais le visage d'Amande ne s'efface pas de ma mémoire. Un soir, en passant devant le magasin, elle se jette à l'eau et m'invite à dîner en me glissant dans la main un « bon pour un baiser », valable pour le soir même. Là, je craque complètement. Nous sortons ensemble et je me livre corps et âme à elle. Je lui raconte tout, mon enfance, qui je suis, la drogue, mon mariage, mon bébé, mes errances. Tout, sauf la prostitution. Je trouve que j'y suis déjà allé un peu fort pour une première fois.

Amande entend tout, accepte tout. Loin de partir en courant, elle se prend pour moi d'une espèce de pitié qui me réconforte. Elle a bien compris que je suis paumé et plutôt que de me rejeter, elle m'accepte d'un bloc et me remercie de ma franchise. Je me dis alors : « Amande est venue pour me sauver. Au moment où je n'y croyais plus, elle tombe du ciel. Tout n'est pas foutu, au contraire, tout recommence ! »

*

Elle se montre d'une patience et d'une gentillesse comme je n'en avais jamais connu auparavant. Je vis une très belle histoire d'amour qui a débuté au hasard d'une rencontre. J'ai envie d'avancer avec elle. Maintenant je sais que les sentiments ne passent pas forcément par le mariage, mais plutôt par la sincérité. J'ai l'impression de renaître.

Hélas, c'est juste une impression.

Très vite, elle partage ma vie. Elle remet de l'ordre dans mon appartement en le nettoyant de fond en comble. Il fallait du courage, celui que j'avais perdu. Elle réorganise mon quotidien et le soir elle me prépare à dîner.

Elle me devient indispensable. Nous sommes bien, nous sommes complices. Pour preuve, nous allons nous faire tatouer chacun sur l'épaule le prénom de l'autre. Comme ça, nous sommes sûrs de ne jamais nous oublier. Elle est droite et carrée, d'ailleurs son père est pilote de chasse, avec le grade de général.

*

Ombre au tableau, malgré tous mes efforts et l'aide d'Amande, j'ai du mal à décrocher de la drogue.

Je diminue ma consommation, passant de cinq grammes par jour à dix par semaine, c'est encore trop.

Le temps passe. Nous habitons désormais ensemble. Je n'ai jamais supporté la solitude, j'ai besoin d'une présence, de quelqu'un auprès de moi. Voilà longtemps que j'ai vendu mon âme au diable, aussi peu m'importe le fait d'avoir partagé ce lieu avec Sylvia, ma femme. Certains auraient déménagé, moi j'y reste avec ma nouvelle compagne, sans l'ombre d'un scrupule. Qui plus est, quand elle s'installe, je ne fais aucun effort. Elle essaie de me rendre présentable parce que je suis une loque. J'ai vraiment une tête de toxico, une épave : cinquante kilos, jean sale, tee-shirt sale, pas rasé, les cheveux graisseux et crasseux. On dirait une épave.

Je dois me doucher une fois par semaine, et encore, quand elle insiste. Personnellement, je m'en fous. J'ai dépassé le stade de la honte.

*

Un jour, je me réveille et me dis que je ne peux continuer à vivre ainsi. Mais c'est comme ça tous les trois mois. Je ne me fais plus beaucoup d'illusions sur ma capacité à sortir du cercle vicieux dans lequel je tourne à vide, comme le hamster dans sa roue. Au contraire, j'y entraîne celles qui m'aiment. Sylvia m'a quitté pour ne pas devenir cinglée, et maintenant c'est Amande qui trinque.

Financièrement, je suis au plus mal. Mon débit auprès du dealer atteint un montant vertigineux. Je n'arrive pas à le rembourser. Il commence à s'impatienter, le ton monte puis les premières menaces tombent.

Si je ne fais rien, Amande aussi va payer pour mes conneries. Que je joue avec ma vie, c'est mon affaire, mais je n'ai pas le droit de risquer la sienne. Non, cette pensée m'est vraiment insupportable.

Chapitre 41

Changements d'air

J'avais vu le film *L'Auberge espagnole* que j'avais adoré. Ce qui me donne l'idée de partir quelque temps. Il vaut mieux que je me fasse oublier de mes débiteurs, officiels et officieux.

J'appelle mes parents – que je n'ai pas vus depuis cinq mois – et je leur dis que ça me ferait du bien de partir en Espagne me mettre au vert car, décidément, Paris ne me réussit pas et ma santé est en dents de scie.

J'appelle également Sylvia et je lui dis que, puisque je quitte Paris pour une durée indéterminée, elle peut récupérer l'appartement. Avec Amande, nous prenons le chemin de Barcelone. Je suis content de voir du pays, mais je n'y vais pas pour décrocher, seulement pour ralentir.

*

Amande trouve un petit job de serveuse dans un bar. Elle travaille le midi et le soir. Nous dénichons une colocation grâce à une adresse qu'une de mes connaissances m'a donnée avant de partir. Nous vivons donc dans un meublé typique dans un immeuble de la vieille ville. Sympa et pas cher, 50 euros par mois. Je suis parti avec 4 000 euros et mes parents m'envoient un peu d'argent, environ 1 000 euros par mois, pour faire la soudure en plus du petit salaire et des pourboires d'Amande.

Je vis pendant huit mois dans l'oisiveté la plus totale. Je me requinque, quoique je m'autorise quelques grosses soirées, mais rien en comparaison de celles de Paris. Et puis ici tout est bon marché, même la drogue. Je n'ai pas envie de travailler.

Ma journée commence vers 14 heures. Je me lève et je fonce direct à la plage. Parfois je bulle aux terrasses des nombreux cafés qui bordent la mer. Je me la coule douce, je suis tout bronzé et heureux de vivre. Vers 18 heures, je rentre faire une petite sieste avant la sortie du soir. Je bois beaucoup, jusqu'à deux litres en moyenne de vodka ou de whisky. Comme je ne me drogue quasiment plus, j'ai besoin de compenser le manque. Je me couche entre 4 et 5 heures du matin, fin saoul mais heureux.

*

Malheureusement, il va falloir penser à rentrer. L'Espagne, c'est bien gentil mais ma vraie vie se trouve à Paris. Depuis le temps que je suis parti, mon dealer aura fait une croix sur ce que je lui dois. Si j'ai vraiment besoin de coke, le petit commerce de la dope est assez florissant dans la capitale pour que je trouve un autre « distributeur » en deux temps trois mouvements.

Manque de bol, à peine débarqué, le passé me rattrape : trois gros bras m'enlèvent et me séquestrent. 24 heures d'angoisse, de tortures et de souffrances. Je suis désormais obligé d'honorer ma dette, il en va de ma vie. Je ne m'étendrai pas plus sur le sujet, mais ces 5 000 euros m'ont coûté la peau du dos. Je suis comme une serpillière, complètement essoré. Je n'ai plus de logement. Que faire ? Je ne me vois pas retourner m'enfermer chez ma mère pas plus que de lui demander de me renflouer. Dans les deux cas, il me faudrait fournir des explications. Or, je juge plus judicieux de me taire. Amande peut encore habiter chez ses parents en dehors de Paris. Je recommence à travailler et André m'héberge chez lui dans son appartement.

*

J'y dispose d'une chambre et assez vite, comme nous ne supportons pas d'être séparés, Amande vient m'y rejoindre. Évidemment, entre André et elle, le courant ne passe pas très bien. Ils ne se parlent pas, se toisent ou s'ignorent selon les moments, mais en tout cas se détestent à temps plein. C'est à qui m'aura dans son lit. L'ambiance n'est pas vraiment propice à ma reconstruction.

Tant bien que mal je résiste à cette atmosphère conflictuelle dont je suis, il est vrai, responsable, mais je m'effrite. Pendant trois mois, je tiens à peu près, ne bois pratiquement plus et ne touche presque plus à la coke. Le mal de vivre qui me tenaille depuis des années s'est envolé. Je me dis : « Bon Dieu, qu'est-ce que ça fait du bien de se sentir bien ! » Et puis, je ne sais pas ce qui se passe, il y a un déclic, dans le mauvais sens. Et les angoisses recommencent fin novembre.

*

Nous partons à l'île Maurice pour réaliser une série de photos destinées à officialiser mon idylle avec Amande. L'occasion est trop belle pour ne pas la saisir. Une semaine tous frais payés dans un palace de cette île magique ne se refuse pas. En plus, ce voyage tombe à pic, je sens que j'en ai besoin. Sur place, j'ai un peu de vague à l'âme, mais je m'en sors et je fais illusion, comme d'habitude. Je ne veux inquiéter personne.

Un soir au casino, je demande à un serveur s'il peut me trouver deux grammes. Sa réponse est on ne peut plus claire : drogue égale peine de mort. Sur le coup, je l'avoue, ça me calme.

Nous passons un séjour de rêve, une vraie lune de miel. Nous sommes très proches et à ce moment précis, je suis convaincu qu'Amande est la femme de ma vie. Même si ma situation reste précaire, j'ai l'impression que le pire – rails à la chaîne, boîtes échangistes, prostitution – est derrière moi. Au soleil de Maurice, mon horizon semble se dégager.

Chapitre 42

31 décembre et 36e dessous

De retour à Paris, mon état général se dégrade à nouveau. Chaque jour, je me sens plus mal que la veille. Pourquoi ? Parce que j'ai l'impression d'avoir tout le poids du monde sur les épaules.

Nathalie choisit ce moment pour réapparaître et me demander la reconnaissance en paternité de Scarlett, assortie d'une pension alimentaire pour l'élever, elle qui, soi-disant désintéressée, ne voulait rien. Je suis déjà incapable de m'assumer, alors que puis-je faire pour elle ? J'essaye de gagner du temps. La reconnaissance, il faudra bien que j'y passe, mais c'est encore trop tôt dans ma tête.

Quant à Sylvia, de son côté, elle a lancé la procédure de divorce à l'amiable. Elle ne veut pas m'enfoncer plus, malgré tout ce que je lui ai fait, mais la justice n'est pas pressée et il nous faudra deux ans avant d'obtenir notre jugement de divorce en décembre 2004. Tout cela me peine énormément.

*

En fait de soutien, je n'ai plus grand-monde sur qui m'appuyer. André et Amande sont comme chien et chat, impossible d'obtenir des réponses sensées de leur part. Mes parents, je me suis coupé d'eux parce que je ne vais pas bien. Des amis, je n'en ai plus, il ne me reste que des relations de coke, aussi mal en point que moi. En clair, je n'ai personne à qui parler. La faute à qui ? À moi, comme toujours...

*

Je vis avec une jeune femme que j'aime sincèrement, mais je n'arrive pas à lui exprimer ce que je ressens et surtout pas à lui expliquer le malaise qui me ronge, l'envie d'autodestruction qui ne me lâche pas. En fait, mes démons intimes me sautent dessus dès que j'ouvre un œil et ne me lâchent pas tant que je n'ai pas sombré dans le sommeil. Lorsque j'y arrive... Je n'ai plus envie de me lever. Je voudrais rester sous ma couette, dormir et me réveiller quand ça ira mieux. Je recommence à penser à la défonce et aux mensonges que je vais pouvoir bâtir si on me pose la moindre question.

*

Ce 31 décembre commence comme tous les jours. J'ai envie de rester à la maison, mais je me lève par habitude. Je saute sous la douche et j'essaie de me persuader que la journée va être bonne. Je sais pertinemment que d'ici une heure je vais craquer et que j'aurai envie de tout envoyer balader et de me casser du magasin. Je cherche une échappatoire que je ne trouve pas. Je continue à broyer du noir et ne vois toujours aucune solution. Ce soir, c'est le réveillon, je suis invité chez des amis avec Amande, mais je n'ai pas l'esprit à la fête.

Plus les heures passent et plus je me sens déprimé. Dans

la rue, les gens s'activent, les bras chargés de victuailles et de bouteilles pour l'occasion. J'arriverais d'une autre planète que je ne me sentirais pas plus déplacé. Je m'en fous de leurs festivités débiles ! Pire même, cela m'emmerde prodigieusement. Je suis complètement KO, amorphe, incapable de gérer quoi que ce soit et encore moins mes émotions. Je n'ai qu'une envie : me mettre quelque chose dans les narines jusqu'à ce que ma tête explose, pour échapper à l'insupportable obligation de la gaieté à date fixe.

En partant de la maison, je prends de l'argent sur moi. Avant midi, je suis en pleine dépression. Je saisis mon portable et j'appelle un nouveau dealer. Je lui commande sept grammes. Je l'attends impatiemment en me répétant que je suis vraiment en dessous de tout. Je n'ai même plus de plaisir à sniffer, seule l'addiction subsiste. La drogue, c'est tout ce dont je dispose pour supporter mon inadaptation au monde, mon incapacité à y trouver une place.

*

Pendant ce temps-là, je suis au magasin. Enfin disons que je fais acte de présence, n'ayant aucune envie de travailler. Je suis transparent, mal dans mes baskets, comme dans un état second. J'attends fébrilement l'arrivée du mec, c'est tout ce qui m'intéresse. Je lui donne 500 euros cash, il me glisse les sachets.

Dès que j'ai la coke, je me casse sans fermer la boutique. Je ne dis rien et surtout je n'appelle personne. Au hasard, je décide de m'installer dans une cabine de sex-shop pour me défoncer et prendre la totalité de mon butin soit les sept grammes en dix heures de prises non-stop.

Voilà comment je passe mon réveillon, pas de bûche, que des rails. J'ai le nez qui saigne, je pleure, mais je ne ressens plus rien. Je n'en suis qu'à mon troisième gramme pourtant.

J'arrête donc avant la fin parce que cela ne sert plus à rien, qu'il est minuit et que je suis seul. J'ai planté tout le monde : bonne année ! Je sors du sex-shop vers 1 heure du matin dans un tel état que même marcher relève du calvaire. J'avance sans but. Si je tiens debout, tant mieux ; si je tombe, tant pis. De toute façon, je n'ai rien à faire à part m'apitoyer sur mon sort.

J'erre dans les rues de Paris et je rentre chez André vers 4 h 30. Tout le monde est là et m'attend. J'ai les yeux injectés de sang, le nez qui saigne et je ne peux rien leur dire, j'en suis incapable. Sans une parole d'excuse, je trace direct dans ce qui me sert de chambre et me couche, dégoûté de la vie. Je prends une poignée de comprimés, et là je tombe enfin.

C'est la seule solution pour dormir. Sinon, je vais continuer à cogiter et me torturer les méninges à vide pendant des heures. Penser à me suicider, comme c'est souvent le cas après une prise massive de drogue. Je ne supporte plus d'être une épave mais je ne parviens pas à me raccrocher à cette vie qui me file entre les doigts, je ne trouve pas de prise assez solide pour ne pas continuer ma dégringolade. Chaque fois que je me crois sorti d'affaire, je replonge inéluctablement. Je n'ai même plus la force de vouloir vivre, et toujours pas le courage de mettre un terme à cette douloureuse mascarade. Pourtant je ne vois pas d'autre solution que d'en finir...

Chapitre 43

En finir

Tous les jours que Dieu fait depuis ce foutu coup de téléphone m'annonçant l'existence d'une fille cachée, je suis hanté par ma vie d'avant, par ce passé si présent. Autrefois, j'avais une existence plutôt stable, quelque peu débridée je l'accorde, mais j'étais un garçon correct. Cette existence, je l'ai détruite.

Contrairement à ce que croient la plupart des gens, le fait d'être le fils d'une icône n'aide pas. Je suis supposé avoir une vie de rêve, je n'ai pas le droit de me plaindre alors qu'il y a tant de malheureux, je dois faire bonne figure. Au moindre faux pas, les journalistes sont à l'affût pour étaler ma vie dans des gazettes à deux balles et je ne peux pas me permettre de causer du tort à maman. Même dans mes pires délires, j'ai toujours veillé à ce que la fange dans laquelle je me vautrais ne l'éclabousse pas. Autant de boulets que je traîne après moi.

J'assiste impuissant à ma destruction, un peu comme si j'étais le passager d'une voiture folle dont le conducteur fonce sciemment vers le précipice. Secoué par les cahots, ballotté par les embardées, je ne maîtrise rien. De temps en temps, j'arrive à reprendre les commandes et à remettre ma vie dans le droit chemin. Mais l'autre, ma face négative, ma part d'ombre, est plus forte que moi. Et m'arrache le volant des mains et nous repartons à tombeau ouvert vers l'inconnu. Chacun de ces combats m'épuise un peu plus et me convainc de l'inutilité de ma résistance.

Que faire pour remonter, prendre cette bouffée d'oxygène qui me fait tant défaut. Faire le vide ? Aller encore plus loin dans la déchéance ? Et après ? Tout cela n'est que parole et il faudrait y joindre les actes. Je suis un damné, sans volonté et sans âme.

*

Début janvier 2003, j'appelle mes parents. Après les civilités habituelles de bonne année, je leur dis que ce n'est plus possible et que je suis mûr pour faire une vraie cure de désintoxication. Ma mère entend le message et m'explique qu'elle va chercher un établissement spécialisé digne de recevoir son fils. Elle me dit de m'accrocher, qu'elle s'occupe de tout et qu'elle fait vite.

Pas assez vite à mes yeux. Début avril, je craque. Un matin, je décide d'en finir avec cette putain de vie. Il pleut à torrent, c'est un bon jour pour mourir. Je suis en pleine dépression. J'appelle mon dealer et lui commande douze grammes, que j'espère ne jamais lui payer car il me fait crédit. Je lui promets de le régler dans la semaine. J'ai l'intention de tout prendre en un temps record et de me jeter sur le périphérique pour en finir une fois pour toutes. Entre la violence de la chute sur le bitume et les voitures qui vont me rouler dessus, je ne me louperai pas. Je suis ravi de mon idée !

*

Il est midi. Je m'envoie cinq grammes cash. Le reste, je le prends sur moi, on verra un peu plus tard si j'en ai besoin. J'ai un but et je dois m'y tenir. Je suis remonté à bloc, la perspective de mettre fin à mes souffrances me galvanise.

Je pars en scooter, direction la porte d'Auteuil. Une fois arrivé au milieu du pont qui surplombe le périphérique, je me gare et me déshabille entièrement. Je suis arrivé nu dans ce monde, je le quitterai dans la même tenue. Débarrassé des oripeaux prescrits par la société, rendu à l'innocence des origines.

Je m'avance vers la balustrade. Je l'enjambe et je regarde en bas le flot ininterrompu des véhicules. Entre les carrosseries en mouvement, j'aperçois le bitume noir et luisant qui m'appelle. Je ne sens ni le froid ni la pluie qui continue de tomber. Comme tout paraît simple tout à coup ! Il suffit que je saute, je vais voler quelques secondes, puis ce sera le choc, et ensuite plus rien. Je n'aurai pas le temps d'avoir mal, et quand bien même, la douleur physique ne me fait plus peur. Au contraire, puisqu'elle signera la fin de la douleur psychique. Ne pas être, voilà ma réponse à la célèbre question.

Mon exaltation culmine. J'aspire une dernière bouffée d'air et je prends mon élan.

*

À ce moment précis je sens des mains m'agripper. J'étais si concentré dans la contemplation des voies en contrebas, comme hypnotisé, que je n'ai pas remarqué la patrouille de police qui a stoppé sur le pont derrière moi. Quatre flics réussissent à me rattraper. De justesse car ils n'ont pas de prise sur mon corps nu rendu glissant par la pluie.

Ils me ceinturent, mais je pique une crise de rage, furieux que mon projet soit contrecarré. Je les frappe, je les insulte.

Ils arrivent à me maîtriser en me couchant par terre. Pendant que l'un appuie son genou dans mon dos un autre me menotte. Ils me remettent mon manteau bleu marine pour me couvrir avant de m'embarquer dans le panier à salade. Hystérique, je vocifère et les traite de tous les noms.

Putain de merde, la mort ne veut vraiment pas de moi. Arrivés près de la porte Dauphine, ils m'emmènent au commissariat du XVIe. Au moment où je descends du fourgon, le choc du goudron glacé sous mes pieds nus me sort de mon égarement. Je passe sans transition de la surexcitation à l'abattement.

Chapitre 44

Garde à vue

À l'intérieur, au lieu de me mettre au dépôt dans une cellule commune, les policiers me placent dans un bureau dont la chaleur me fait du bien car je grelotte depuis que je suis descendu du fourgon. Bien vite, ils m'apportent des vêtements, chaussettes, jogging, pull. Ils sont gentils et je me sens déjà mieux. J'ai de la chance, celui qui me surveille est un flic assez cool qui a bien compris la situation. Il ne m'a pas pris de haut ni sermonné.

La pièce où je me trouve est sordide. Aux murs, des affiches de Johnny et une nuée de post-it entourent une carte de France. Il y a trois bureaux gris pisseux en ferraille, cabossés et rayés ; d'énormes téléphones ainsi que des dossiers et un monceau de paperasses les encombrent.

Mon gardien doit avoir dans les trente ou trente-cinq ans, plutôt décontract. Il est brun et porte un pull Diesel, un jeans et des baskets. Il me demande si je veux un café, histoire de briser la glace avant de prendre ma déposition.

*

Quoique je subisse toujours les effets de la dose massive de coke que j'ai ingérée, un éclair de lucidité fulgure dans mon cerveau : ils vont s'apercevoir que je suis le « fils de ». Merde, qu'est-ce que j'ai encore fait comme connerie ? Je n'ai pas le droit, vis-à-vis de ma mère. Si je ne m'étais pas loupé, au revoir les problèmes. Là il va falloir assumer et au cas où l'affaire viendrait à se savoir, elle rejaillira sur Sheila.

Ce qui est complètement dingue, c'est que je ne pense pas au chagrin que je lui aurais fait si ma tentative de suicide avait réussi ! Pas une seconde, ni pendant que je me préparais à sauter, ni depuis que les policiers se sont saisis de moi, cette idée ne m'effleure. À la façon dont je vois les choses, en disparaissant je débarrasserai tout le monde, moi y compris, d'un fardeau.

*

Le policier me demande mon nom, je lui tends ma carte d'identité que je retrouve par le plus grand des hasards dans l'une des poches de mon loden. Je n'arrive même plus à parler tellement je suis défoncé. Heureusement, j'ai eu la présence d'esprit de jeter ce qui me restait de coke en sortant du fourgon cellulaire. Je lui dis que j'ai pris de la drogue. Il me demande pourquoi. Je le lui explique. Je suis encore dans les vapes.

— Vous étiez nu et vous vouliez sauter ?

— Oui, je voulais en finir.

Il me laisse parler, m'écoute, me met en confiance. Il ne me dit pas : « Espèce de petit con, tu avais vraiment l'air fin, à poil sous la pluie ». Il comprend ma détresse.

Je lui demande de ne pas ébruiter ce triste épisode qui doit absolument rester entre nous parce que mes parents sont artistes et que c'est délicat. Il me rassure en m'expliquant qu'il a déjà eu d'autres spécimens dans mon genre et qu'il sait garder le secret déontologique. Je lui avoue :

— Ma mère, c'est Sheila.
— Ah oui, quand même !
Il se montre très sympa.

*

Comme je suis toujours sous l'emprise de la drogue, la police m'envoie à l'hôpital faire des tests, près du Palais de justice sur l'île Saint-Louis. On m'emmène en fourgonnette, toujours menotté, et, là-bas, je me vois placé avec tous les toxicos. Je commence à émerger et trouve l'endroit autant que la compagnie vraiment sordides. « Mais qu'est-ce que je fous ici ? » L'effet de la coke s'estompant, je me rends compte du merdier dans lequel je me suis fourré.

Ce que je vois à l'hôpital me fait peur. Le rebut de la société, je n'en rajoute pas. Certains crachent par terre, d'autres hurlent, on dirait des bêtes, ils n'ont plus rien d'humain. C'est horrible !

*

Je suis encadré par deux képis, toujours menotté, dans l'attente des analyses.

Le médecin me reçoit enfin avec mon dossier en main. J'urine dans une espèce d'éprouvette pour les tests de dépistage et ensuite je me retrouve face au psy.

— Qu'est-ce qui se passe ? Comment en êtes-vous arrivé là ? me demande-t-il.

Psychologie au rabais. Je ne vais pas me livrer en deux minutes à un type que je ne connais pas, dans un endroit pareil qui plus est. Je lui rétorque :

— Je n'ai pas l'intention de vous expliquer pourquoi je suis là.

— Vous savez, il existe des centres spécialisés qui...

— Écoutez, j'ai presque vingt-neuf ans, vous ne parlez pas à un attardé mental. Si j'ai envie d'aller en centre, je sais comment faire, je n'ai pas besoin de vous pour ça. Ce n'est pas le jour pour me débiter des conseils à la noix sur un ton condescendant !

Bref, je l'envoie sur les roses, carrément.

*

Je suis ensuite reçu dans un bureau innommable. Toujours menotté, un médecin m'ausculte. Tout le monde regarde.

Je m'en fous parce que je ne suis pas pudique, et puis après avoir exhibé mon anatomie sur le périphérique je ne suis plus à ça près. On me nettoie, on m'examine sous toutes les coutures, on prend ma tension et j'apprends qu'ils veulent me garder une nuit en observation, en chambre de dégrisement. Je proteste, je veux rentrer chez moi. Cela fait bientôt un après-midi entier que je suis entre leurs mains et je n'en peux plus, malgré leur calmant qui me fait autant d'effet qu'une piqûre de moustique à un rhinocéros.

Enfin, vers 20 heures, ils me demandent si je me sens apte à partir tout seul. Je leur réponds que non, je préfère appeler mes parents.

*

Yves vient me chercher, seul. Il prend la situation en main et explique à son tour aux policiers que j'ai voulu me suicider parce que je suis sous l'emprise de la drogue, qu'il est au courant et que je devais partir incessamment en cure de sevrage.

Dans la voiture, je pleure des larmes de détresse. Nous ne parlons pas beaucoup. Que dire ? Depuis le temps que mon comportement erratique constitue une suite d'appels au secours, cette tentative de suicide n'est guère surprenante.

J'ai touché le fond, et là il faut qu'on m'aide, parce que tout seul je ne m'en sortirai pas. Même avec la meilleure volonté du monde.

Chapitre 45

Reconstruction

Je reste deux jours à Thoiry chez maman. Je prends conscience qu'elle est à la fois malheureuse et désemparée. Mon geste l'a atteinte au plus profond d'elle-même. L'armure de Sheila est fendue, laissant apparaître Annie en *mater dolorosa*. Elle me prend dans ses bras, me demande si j'ai faim. Puis elle me couche et me berce. C'est l'un des moments les plus intenses de ma vie, à la fois sur le plan émotionnel et sur le plan maternel. Il y a une douceur et une tendresse inconnues dans ses gestes. Je voudrais rester indéfiniment ainsi, blotti contre elle, dans sa chaleur, à humer son odeur et ne plus faire qu'un avec elle. Rentrer dans ce ventre dont je n'aurais jamais dû sortir.

*

Moralement, son contact m'apaise. Physiquement, j'ai besoin de drogue car je suis complètement dépendant. Je prends donc un gramme et je m'endors, heureux comme un bébé. Le lendemain, quand je la retrouve, elle s'est rassemblée. Le ton change :

— Comment peux-tu me faire ça ? Imagines-tu ce qu'on

aurait dit si cela s'était su ? Et si tu étais mort ? Te rends-tu compte des conséquences de ton acte ?

Je ne sais quoi répondre : Sheila a repris le dessus.

Elle n'en peut plus de me voir m'autodétruire. Je dois prendre une décision. Ou je m'en sors ou je ne m'en sors pas, mais elle ne supporte plus de me regarder crever comme ça. Ce que j'entends, c'est le discours que j'aurais voulu et dû avoir depuis longtemps. Mieux vaut tard que jamais...

Mais on est passé de justesse à côté de la catastrophe, de l'irréparable. Nous discutons pendant des heures avec maman. En fin de compte, c'est décidé, je pars en cure et je vais m'en sortir. Maman me trouve la clinique.

Je croyais qu'elle avait commencé à en chercher une après mon coup de fil de début janvier. Eh bien non ! C'est en regardant l'émission « Zone Interdite » sur M6, alors que je suis en train de me reposer, qu'elle trouve la solution, grâce à la diffusion d'un sujet sur la drogue et les moyens de s'en sortir, tourné dans un établissement spécialisé. Maman note le numéro de la clinique. Elle appelle le soir même et me dit le lendemain comme si de rien n'était :

— J'ai fait accélérer les choses parce qu'il y avait encore un mois d'attente.

Mais ce n'est pas Annie qui a cherché l'adresse, c'est Sheila. J'imagine le coup de fil : « Bonjour, ici Sheila. Mon fils ne va pas bien. Je voudrais que vous vous occupiez de lui ». Quel nom magique, un vrai sésame !

En fait, ils m'ont accepté comme n'importe quel malade, je ne n'ai pas eu de traitement de faveur.

*

Maman m'emmène à la clinique Montevideo, porte de Saint-Cloud, à l'entrée de Boulogne-Billancourt. L'établissement est installé dans les anciens locaux de la clinique du Belvédère qui a vu naître la plupart des « fils de ». Il s'agit en fait d'un hôtel 4 étoiles luxe médicalisé, entouré d'un immense parc privé. J'ai droit à une chambre avec télé, magnétoscope et lecteur DVD. Plus une grande salle de bains entièrement carrelée. Enfin tout ce dont j'ai besoin en ce moment pour essayer de me reconstruire.

Quand j'arrive, l'idée fixe que j'ai en tête, c'est celle de la liberté. La liberté d'avancer, d'oublier, de m'en sortir. Je vais m'accrocher, tout le monde est derrière moi, tout le monde croit en moi et cette fois-ci je ne décevrai personne.

Ma mère sait que c'est ma dernière chance et l'ultime espoir de retrouver son fils. Pendant deux jours, on me laisse décompresser. Ensuite débute le traitement. Trois fois par jour à heures fixes : 7 heures, 14 heures et 22 heures, prise d'antidépresseurs et de médicaments pour pallier le manque.

Je suis content de prendre ces petites pilules qui m'aident. Je sens que je suis sur la bonne voie...

*

Dans ce grand cocon fraîchement ripoliné, les gens sont tous hyper sympas. Vu le prix, en même temps, c'est un peu normal. Ici, on traite toutes les addictions, alcool, drogue dure et douce comme l'herbe, ainsi que la dépression. Bref, je passe les détails, mais je suis rassuré de constater que je ne figure pas parmi les pires cas. Je vois des gamins de quatorze ans scotchés à l'héro, des alcooliques qui ne touchent plus terre, des légumes de toutes sortes dans cette grande épicerie de la déglingue. Plus tard, quand je recommence à être moi-même, je les écoute un à un et tente de leur donner un peu d'espoir. J'ai l'impression d'être utile et de faire du bien.

Petit déjeuner à 9 heures. C'est déjà une première fête et puis les médocs me donnent faim. Chaque jour, je vois ma gueule qui change, résurrection encourageante. Ensuite, je fais du sport ou je me balade jusque vers 11 heures, puis je retrouve mon psy durant une heure. Après le déjeuner, les cachets sont plus forts, ils assomment carrément, d'où la nécessité de faire une sieste. Vers le milieu d'après-midi, au choix cours de théâtre, de peinture, ateliers en tous genres, histoire de nous occuper l'esprit, sinon vidéo dans la chambre ou Playstation. Vers 17 heures, re-séance de psy, puis dîner suivi ou non de la salle de cinéma. 22 heures, dernière prise pour la nuit. Là, ce sont des somnifères.

À partir du moment où j'entre dans cette clinique, je ne considère que le côté positif de la chose. Je sais que j'ai un problème et qu'ici toute l'aide possible me sera apportée.

*

Le troisième jour, je rencontre mon psy. Grâce aux médicaments, je cogite moins. Ce nœud que j'avais au ventre en permanence se dissipe peu à peu. Je me sens moins oppressé et plus détendu. Je gamberge moins sur moi et sur ma vie.

Le docteur m'aide à faire un bilan constructif. Quand je le vois pour la première fois, je l'appelle tout de suite Doc et lui me répond : « Bonjour Ludo ». Il sait que je suis hypersensible. « Ne vous inquiétez pas, on va trouver la solution ! » Et ça, ça me fait plaisir. Jusqu'alors je croyais que seuls les grands malades de la tête allaient consulter les psy, donc ça me fait tout bizarre de me retrouver là, en tête à tête avec un fouilleur de crâne, tellement ce préjugé stupide est ancré dans mon esprit. Mais, moi qui me suis tu si longtemps, j'ai enfin trouvé quelqu'un à qui parler. Quelqu'un qui peut entendre le récit de mes dérives sans me juger ni vaciller.

Chapitre 46

Le Doc

Le Doc me demande de lui parler de moi, de ce que je ressens, de lui raconter mon parcours. Je commence par lui dire que je vis mal plein de choses et que j'en étais arrivé à vouloir mettre fin à mes jours. Rien que le fait d'en parler me soulage. Au fil des séances, je lui déballe tout en vrac. Je lui explique la difficulté de ma séparation avec Sylvia. Il me répond : « Je pense qu'il y a plus que ça. Votre histoire ne commence pas là... » Pour moi, c'est quand même un déclencheur. « Oui, me réplique-t-il, mais votre mal-être, vous l'aviez déjà. Il existait bien avant. » Voilà qui me donne du grain à moudre. Et le lendemain, quand on se revoit, je lui raconte que j'ai beaucoup réfléchi durant la nuit et que je ne vois vraiment pas ce que ça pourrait être, ce qui a pu se produire avant. Il me demande de lui parler de mon enfance. Je lui explique que je voyais plus ma mère à la télévision qu'à la maison. Qu'elle a toujours été présente certes, mais plus comme un personnage de dessin animé qu'une maman. J'avais l'impression de la partager avec tous ces gens qui gravitaient autour d'elle.

*

Le fait de la partager, de n'avoir pas connu mon père, d'avoir vécu une adolescence un peu particulière dans le sens où j'étais le « fils de », m'a compliqué l'existence. Le Doc met le doigt sur beaucoup de points de détail qui revêtent toute leur importance aujourd'hui.

Maman n'était pas toujours là, c'est vrai, mais c'était à cause de sa vie d'artiste qui l'envahissait et lui prenait beaucoup de temps. Moi, je me sentais exclu de son monde. Le public me l'avait volée.

J'ai pris conscience qu'elle était très connue vers mes dix ans, lors d'un spectacle au Zénith de Paris. Et il m'a fallu plusieurs séances pour disséquer le choc que j'ai ressenti lors de cette soirée.

Tout d'abord j'ai découvert sur scène une femme bien différente de celle que je connaissais. Bien sûr, il m'était déjà arrivé de la voir chanter dans des émissions de télévision. Mais le direct *live* produit une impression beaucoup plus forte, à cause des lumières, de la hauteur de la scène, de la présence des musiciens et des spectateurs. C'est Sheila, et non maman, qui était au centre de cette grosse machine, qui remuait cette foule.

Je n'étais pas seulement impressionné, j'ai également compris que je ne faisais pas le poids. Son visage irradiait de bonheur, ces applaudissements la comblaient comme je ne saurai jamais le faire. Une jalousie désespérée m'a envahi. La grande affaire de sa vie, me disais-je, c'était sa carrière, pas son fils. Oui, elle était indubitablement plus à sa place en train de chanter sur cette scène qu'à surveiller mes devoirs à la maison. Elle y trouvait une forme d'accomplissement bien supérieure à ce que son rôle de maman pourrait jamais lui apporter. J'avais pleuré dans les bras de ma grand-mère sans rien dire. Comment me faire entendre quand cinq mille personnes criaient à ma maman « je t'aime » ?

Je précise au Doc que je ne lui reproche rien, que ce sont juste des constatations car elle a toujours joué son rôle de maman.

Ainsi, quand elle rentrait le soir, j'étais au lit. Elle venait toujours m'embrasser, me faire un câlin, mais à mes yeux, elle n'était pas vraiment présente puisque je ne l'avais jamais eue, ou très rarement, pour moi tout seul.

Quant à mon père, elle ne m'en a jamais rien dit, ou si peu. Quand elle l'a rencontré, elle a vraiment cru trouver l'homme de sa vie. Elle en était très amoureuse et il a beaucoup compté pour elle. Bien qu'il ne se soit jamais occupé de moi, elle ne s'est pas autorisé la moindre réflexion désobligeante à son égard, simplement cette phrase : « Il n'est pas présent mais si un jour tu veux l'appeler, je te donne son numéro. »

Dès lors je ne me suis pas trop posé de questions par rapport à son absence : je n'avais pas de papa, mais je savais qu'il était quelque part. C'était comme ça.

*

En racontant tout ça au Doc, je m'aperçois que je n'ai eu ni une enfance ni une adolescence très équilibrantes. Certes, j'ai eu une belle vie avec ma grand-mère et ma nounou, mais personne ne remplace une mère. Je souffre d'un mal-être évident et d'un manque affectif énorme. Et plus je parle avec le psy, plus j'ai l'impression de me libérer de tout ce poids. Le Doc me dit que c'est normal, qu'il faut que je continue dans ce sens et que nous allons poursuivre même après la fin de la cure.

*

Les deux premières semaines, je ne vois personne. L'hôpital est très strict sur ce plan. J'aurais pu avoir le téléphone, mais je ne l'avais pas demandé. Ma mère m'appelle directement dans la salle commune en bas, où il y a toujours plein de monde. Le manque d'intimité ne facilite pas nos conversations. Restant le moins possible seul dans ma chambre, je vais aussi à la rencontre des autres. Chassez le naturel, il revient au galop. Comme d'habitude je cherche à faire plaisir... Cela dit, ce nouveau rôle ne me dérange pas : j'adore ! Je découvre que leurs histoires sont parfois plus graves que la mienne et que, finalement, je n'ai pas le droit d'en arriver là.

Je saisis également que la frontière qui nous sépare de la folie est poreuse et qu'un pas suffit pour la franchir.

Et des fous, il y en a un paquet dans cet endroit si paisible en apparence. Ils sont surveillés 24 heures sur 24 et on leur administre des doses impressionnantes de calmants. Il m'arrive même de me battre. Un jour, je tombe sur un toxico à l'héroïne en pleine crise. Une jeune fille fume son joint dans le couloir. Le junkie est tellement en manque qu'il lui saute dessus pour le lui piquer. Elle se rebelle, il lui balance une claque à toute volée. Elle se retrouve par terre, en sang. En voyant son geste, j'attrape l'agresseur et lui mets un coup de tête. Il tombe à la renverse, sonné. Le pauvre ! Etre dans un état tel qu'on en arrive à frapper une fille, c'est dément. Après l'incident, ils le changent d'établissement, direction Sainte-Anne.

Sinon, aussi étonnant que cela puisse paraître, il y a pas mal de femmes en traitement. Je me souviens de la première question que l'on me pose à l'arrivée : « Vous avez apporté quelque chose avec vous ? » Sous-entendu de la dope. Je réponds par la négative, expliquant que si je suis là, c'est pour décrocher et me soigner. Ils me disent alors qu'ils autorisent la possession de produits stupéfiants uniquement pendant les premiers jours, de façon à baisser le seuil d'accoutumance progressivement. Je m'en passerai. Dès maintenant et à jamais, je me le jure.

Chapitre 47

L'avenir reste à inventer

Je ne sais pas pour combien de temps je suis là. Deux, voire peut-être trois mois mais ça n'a aucune espèce d'importance. J'ai enfin trouvé un lieu où renaître à moi-même et à la vie. Un lieu où je resterai aussi longtemps que nécessaire à ma guérison.

*

À l'issue des deux semaines d'acclimatation, les visites sont enfin autorisées. Maman arrive donc accompagnée d'Yves. Tous deux restent une bonne heure et ça me fait du bien de les voir. Nous parlons de tout et de rien, de mes nouvelles activités, de la qualité du service médical, de mon psy qui me recadre et des repas fournis par un traiteur. Maman constate que je suis sur le bon chemin, que j'ai meilleure mine et que je reprends du poids. Je lui raconte que vers 4 heures du matin je me réveille en sueur et que je ne suis pas bien, mais que mon corps ne me réclame plus rien. Je fais encore beaucoup de cauchemars, j'ai des flashes.

Au bout d'un mois, je suis mieux. Tellement d'ailleurs que ma chambre est devenue un bureau où je consulte tous les jours. Je reçois nombre de dépressifs et je fais un carton avec eux. Je ne pense plus à la drogue, je mange bien et je dors comme un bébé. Tout le personnel s'occupe de moi.

Amande est toujours présente. C'est mon rayon de soleil et j'attends sa venue quotidienne avec impatience.

J'ai même la possibilité de faire l'amour avec elle. Tout va bien, si bien que je commence à appréhender le jour de ma sortie de ce nouveau cocon.

Mais il finit par arriver, je ne peux pas passer le reste de ma vie en clinique. Amande vient me chercher parce que maman m'avait prévenu qu'elle ne serait pas à Paris à cette date-là. Je pleure car je me sens déjà seul. Je ne suis plus entouré, mais deux fois par mois je verrai mon psy et même davantage si je sens être sur le point de craquer. J'ai un numéro de téléphone magique qui marche 24 heures sur 24. Il y a un vrai soutien moral de la part de l'équipe soignante. Ils ne vous relâchent pas comme ça dans la nature du style : « On vous a remis sur pied, maintenant débrouillez-vous tout seul ». Je n'ai plus envie de me défoncer, je suis un autre homme. Je suis libéré.

*

André, depuis que j'ai eu tous mes problèmes, en a eu marre également. À force de tirer sur la corde, elle a craqué et il m'a jeté. Je suis déçu, estimant sur le coup ne pas mériter cela de sa part. Je lui en ai fait voir de toutes les couleurs, certes, mais je crois aussi avoir été là en cas de coup dur. Ainsi quand il a perdu sa mère, je me trouvais à ses côtés pour le soutenir moralement et présent au magasin pour faire tourner la boutique. Il est aussi parti en vacances avec Sylvia et moi, faisant partie intégrante de ma vie. Je lui ai donné mon âme, mon cœur, mon corps et tout ce que j'avais. Mais, désormais, sans doute suis-je plus un poids pour lui, voire peut-être un passé qui le blesse. Au fil des années, je le considérais plus comme un deuxième père que comme un amant, mais probablement n'y trouvait-il plus son compte.

En le perdant, j'ai en tout cas effacé une partie de moi-même. Mon divorce, je l'ai provoqué, c'est clair, mais la « séparation » d'avec André, je ne l'ai pas cherchée, consciemment en tout cas, et jamais je ne l'aurais crue possible. Je pensais nos liens plus forts que tout. Aujourd'hui, je fais comme lui, je tourne la page et passe à autre chose.

*

Enfin, j'essaie. Il me reste beaucoup de travail sur moi-même à accomplir. Pour l'instant, je n'arrive pas totalement à me prendre en main. Je dessine les contours de celui que je voudrais devenir, mais je suis en peine de remplir l'intérieur. Toute ma vie, j'ai été assisté, par ma maman, ma nounou, mes grands-parents, Sylvia, André et maintenant Amande. Avec eux je suis parvenu à avancer, mais seul je me suis effondré. La peur de retomber ne me quitte pas, peut-être m'aidera-t-elle à rester debout.

*

Autrefois, pour rien au monde, je n'aurais voulu exercer un métier artistique. Par refus de ressembler à ma mère, et aussi par crainte de ne pas connaître la même réussite. Mais aujourd'hui, cela m'attire énormément. Grâce à cette thérapie, j'ai même envie de prendre des cours de diction, d'art dramatique et de tenter ma chance.

Par exemple, j'aimerais faire mes premières armes de

chroniqueur puis animer une émission sur une chaîne câblée. J'adore la musique et les spectacles en général.

Enfin, ce ne sont pour l'instant que des projets, je dois travailler pour les concrétiser. Mais chaque chose en son temps, inutile de m'éparpiller ; je dois d'abord achever mon travail de reconstruction intérieure. L'avenir dirigera mes choix et répondra certainement aux questions qui s'entrechoquent encore dans ma tête.

*

Ma mère livre un combat d'une autre nature, mais pas plus facile pour autant, entre ce qu'elle était, Annie, la vendeuse de bonbons, ce qu'elle est devenue, Sheila, la petite fiancée des Français, et ce qu'elle ne sera plus jamais, l'idole des années 70.

Il y a des événements qu'elle vit mal. Mon divorce, par exemple : c'est le fils de Sheila qui divorce. Ma fille : c'est Sheila grand-mère. C'est rarement : « Ludo, mon fils, nous allons faire face ensemble ». L'image de la star a cannibalisé sa vie. Ce n'est jamais la bonne entité qui s'implique et qui me répond.

*

Malgré l'amour que je lui porte, elle demeure une énigme pour moi.

Comment peut-elle donner autant aux autres, à son public et se montrer ainsi dans sa vie privée ?

Comment peut-elle tenir, une première fois pendant un an et demi et une seconde fois pendant plus de sept mois, sans nouvelles de son fils ? Je veux arriver à la comprendre.

Ma mère a un masque à porter beaucoup plus lourd que

le mien. De toute façon, c'est « l'autre » qui lui a tout pris et aujourd'hui il ne lui reste que sa légende.

Au cours d'un week-end, je m'en souviens comme si c'était hier tellement cela m'a marqué, elle m'a dit :

— Tu sais, quand je vais mourir, je ne vais te laisser que des dettes ! Mais rassure-toi, je vais tout te léguer et tu pourras te refaire : ma légende est pour toi. Tu continueras à me faire vivre et revivre.

Joli, non ?

Il faut quand même une sacrée dose d'égotisme pour expliquer cela à son fils, mais de sa part, c'était une marque d'amour et de confiance. Pour elle, tout va pour le mieux dans le meilleur des mondes puisqu'elle n'a rien à se reprocher. À soixante ans, on ne change plus et on ne remet plus en doute ce que l'on a créé. Mais elle est et restera la « femme de ma vie » et, quoi qu'il arrive, je ne couperai jamais le cordon ombilical.

*

J'aimerais aussi, un jour prochain, avoir le courage d'engager une véritable discussion en tête à tête avec elle, lui demander comment elle aurait réagi si elle avait été à ma place. Ce serait tellement plus simple pour tout le monde qu'elle me dise : « Ludo, je suis passée à côté de toi. Tu n'étais pas dans mes priorités. J'ai été stupide. Mais je t'aime et nous allons écrire une autre histoire maintenant, entre adultes. » Un point c'est tout. Depuis quelque temps, le dialogue s'instaure à nouveau. À croire qu'elle aussi est en train de faire son bilan. Nous sommes peut-être sur la bonne voie. En tout cas, je l'espère de tout mon cœur.

*

Fils de

Aujourd'hui, je ne veux plus me contenter d'être le « fils de ». D'une certaine manière, je suis un orphelin depuis toujours et c'est à moi et à moi seul de prouver et de trouver qui je suis.

Épilogue

Quand je me regarde aujourd'hui dans la glace, je ne me reconnais plus. J'ai l'impression de ne pas me retrouver, parce que j'aspire à une autre vie et que, d'une certaine façon, après ce que j'ai enduré et raconté dans ce livre, je viens de faire peau neuve. Si bien qu'à trente ans, je me retrouve tout nu. Comme si j'avais terminé ma crise d'adolescence !

Certes, j'ai peur de me tromper à nouveau. J'ai envie de repartir, mais dans quelle direction ? Dans quel milieu ? Avec quels appuis ? Le mien ? Je ne suis plus paumé, j'en ai la certitude, mais plus simplement vidé.

*

Après les expériences par lesquelles je viens de passer, cela paraît logique. Je vis une belle relation avec Amande qui m'a vraiment aidé à m'en sortir. Nous habitons ensemble dans un confortable studio. Malheureusement, je suis encore pour l'instant incapable de lui donner le meilleur de moi-même. Pourtant elle le mérite. Elle n'a que vingt-trois ans et l'avenir devant elle. Elle m'a connu dans mes pires moments de déchéance et elle m'a soutenu avec une force et un courage incroyables. Elle a tout pris à bras-le-corps. C'est plus que de l'amour, non ?

*

J'ai presque tout pour être heureux, mais certains doutes subsistent. En fin de compte, je me dis que mon pire ennemi c'est moi. Si j'arrive enfin à faire la paix avec moi-même et à m'accepter tel que je suis, alors j'aurai gagné. Ni un ange ni un démon, quelque part entre les deux, un homme avec ses défauts et ses qualités.

J'ai été capable d'aller loin dans l'autodestruction, en faisant des choses dont je ne suis pas fier. Et en voulant me détruire, j'ai fait souffrir ceux qui m'aiment. Aujourd'hui, je leur en demande pardon. En vérité, à la recherche d'un juste équilibre, après toutes ces étapes, je pense être enfin sur le bon chemin.

Quoi qu'il advienne, j'espère que mon témoignage redonnera un peu d'espoir à ceux qui vivent sous la dépendance de la drogue. Parce qu'on peut s'en sortir. Pas forcément à la première tentative, mais au moins faut-il s'accrocher. Ce n'est pas facile mais ça vaut le coup.

*

Je ne sors pas grandi de ce livre, mais tel n'était pas mon but. Je l'ai écrit pour exorciser mes démons. Pour autant, je ne renie pas mon passé ni ce que j'ai fait. Je l'accepte, l'analyse, le décortique et je tente d'en extraire la « substantifique moelle » afin de repartir sur des bases saines et solides. Ce n'est pas gagné, j'en suis parfaitement conscient.

Souhaitez-moi bonne chance, je vais en avoir besoin !

Remerciements

Pour ma mamie et mon papi, qui me surveillent et qui m'aiment malgré leur absence, du haut de leur nuage.

À Amande, ma vie, mon amour, mon ange.

À Yves, toi qui es mon vrai père. Sous ton masque rigolo et joueur, j'ai enfin compris ta sensibilité et ta vulnérabilité, la vérité qui trahit tes sentiments. Moi aussi, je t'aime.

À vous, Frank et Alban, mes amis de toujours, dans le meilleur comme dans le pire. Vous avez gagné, le nouveau Ludo est arrivé.

À Jean-Marc G., mon copain « l'écorché ». Merci d'avoir posé ton regard sur moi. Toi aussi tu le mérites. Fonce.

À l'hôtel Miramar de Port-Crouesty, en Bretagne. À Patrick Adam, pour sa gentillesse, sa patience et ses langoustes.

À Muriel S., qui m'a permis de passer de l'oral à l'écrit.

Fils de

À Denis T., mon bon génie, merci pour tout.

À toi, Jean-Yves D., que jamais je n'aurais pensé retrouver sur le chemin de ma vie.

Merci aussi à la clinique Montevideo, grâce à vous je revis.

Et bien sûr, à vous aussi Daïs, Ignacio, Kader, Yvan, TB, Emy et Manu, Béa et Gill, Jacques et toute l'équipe du Trébéca...

Table

Composition et mise en page

NORD COMPO
multimédia

CET OUVRAGE
A ÉTÉ REPRODUIT
ET ACHEVÉ D'IMPRIMER
SUR ROTO-PAGE
PAR L'IMPRIMERIE FLOCH
À MAYENNE EN AVRIL 2005

N° d'édition : FF879201.
N° d'impression : 63016.
Dépôt légal : mai 2005.
Imprimé en France